에듀윌과 함께 시작하면,
당신도 합격할 수 있습니다!

대학 진학 후 진로를 고민하다 1년 만에
서울시 행정직 9급, 7급에 모두 합격한 대학생

직장생활과 병행하며 7개월간 공부해
국가공무원 세무직에 당당히 합격한 51세 직장인까지

누구나 합격할 수 있습니다.
시작하겠다는 '다짐' 하나면 충분합니다.

마지막 페이지를 덮으면,

**에듀윌과 함께
공무원 합격이 시작됩니다.**

공무원 1위

70개월 베스트셀러 1위
에듀윌 공무원 교재

기초부터 확실하게 기본 이론

기본서
국어 독해

기본서
국어 문법

기본서
영어 독해(생활영어·어휘 포함)

기본서
영어 문법

기본서
한국사

기본서
행정법총론

기본서
행정학

다양한 출제 유형 대비 문제집

유형별 문제집
국어

유형별 문제집
영어 독해·생활영어

유형별 문제집
영어 문법·어휘

단원별 기출&예상 문제집
한국사

단원별 기출&예상 문제집
행정법총론

단원별 기출문제집
행정학

* YES24 수험서 자격증 공무원 베스트셀러 1위 (2017년 3월, 2018년 4월~6월, 8월, 2019년 4월, 6월~12월, 2020년 1월~12월, 2021년 1월~12월, 2022년 1월~12월, 2023년 1월~12월, 2024년 1월~7월, 9월~10월 월별 베스트, 매월 1위 교재는 다름)
* YES24 국내도서 해당분야 월별, 주별 베스트 기준

에듀윌 공무원

출제경향 파악 기출문제집

9급공무원 기출문제집
영어

9급공무원 기출문제집
한국사

9급공무원 기출문제집
행정학

9급공무원 기출문제집
행정법총론

7급 대비 PSAT 교재

민간경력자
PSAT 기출문제집

실전 대비 모의고사

기출 품은 모의고사
국어

더 많은
공무원 교재

* 교재 이미지는 변경될 수 있습니다.

eduwill

공무원 1위

1초 합격예측
모바일 성적분석표

1초 안에 '클릭' 한 번으로 성적을 확인하실 수 있습니다!

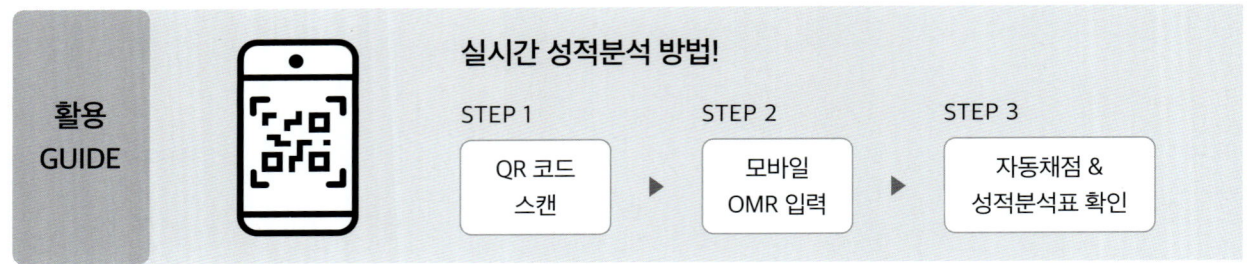

활용 GUIDE

실시간 성적분석 방법!

STEP 1: QR 코드 스캔 ▶ STEP 2: 모바일 OMR 입력 ▶ STEP 3: 자동채점 & 성적분석표 확인

STEP 1
QR 코드 스캔

- 교재의 QR 코드를 모바일로 스캔 후 에듀윌 회원 로그인
- QR 코드 하단의 바로가기 주소로도 접속 가능

STEP 2
모바일 OMR 입력

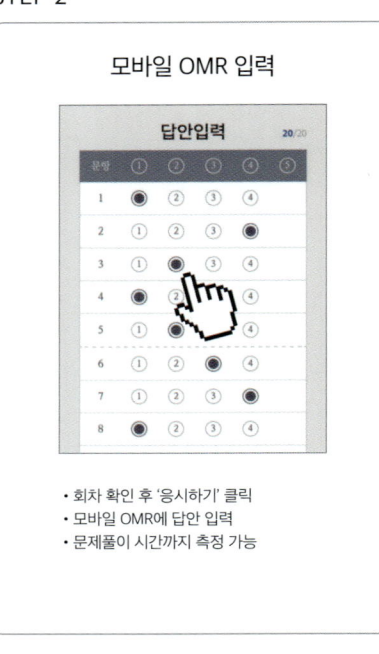

- 회차 확인 후 '응시하기' 클릭
- 모바일 OMR에 답안 입력
- 문제풀이 시간까지 측정 가능

STEP 3
자동채점 & 성적분석표 확인

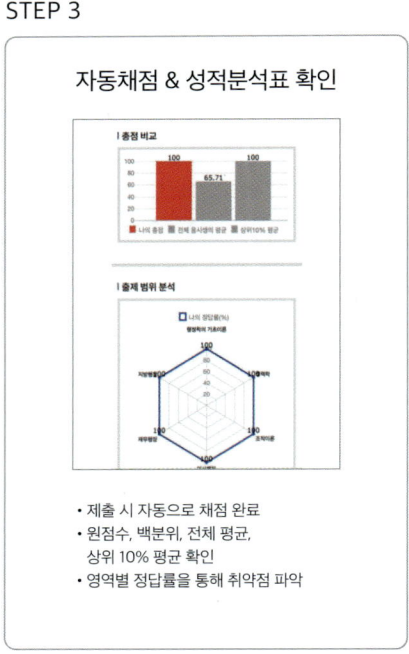

- 제출 시 자동으로 채점 완료
- 원점수, 백분위, 전체 평균, 상위 10% 평균 확인
- 영역별 정답률을 통해 취약점 파악

※ 본 서비스는 에듀윌 공무원 교재(연도별, 회차별 문항이 수록된 교재)를 구입하는 분에게 제공됨.

에듀윌 공무원

공무원, 에듀윌을 선택해야 하는 이유

합격자 수 수직 상승
2,100%

명품 강의 만족도
99%

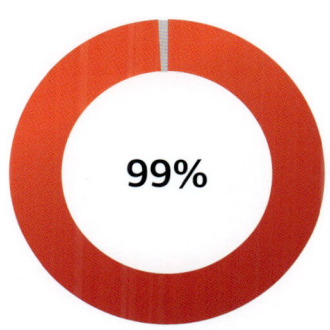

공무원

베스트셀러 1위
70개월(5년 10개월)

5년 연속 공무원 교육
1위

* 2017/2022 에듀윌 공무원 과정 최종 환급자 수 기준   * 9급공무원 대표 교수진 2023년 7월 ~ 2024년 4월 강의 만족도 평균(배영표, 헤더진, 한유진, 이광호, 김용철)
* YES24 수험서 자격증 공무원 베스트셀러 1위 (2017년 3월, 2018년 4월~6월, 8월, 2019년 4월, 6월~12월, 2020년 1월~12월, 2021년 1월~12월, 2022년 1월~12월, 2023년 1월~12월, 2024년 1월~7월, 9월~10월 월별 베스트, 매월 1위 교재는 다름)
* 2023, 2022, 2021 대한민국 브랜드만족도 7·9급공무원 교육 1위 (한경비즈니스) / 2020, 2019 한국브랜드만족지수 7·9급공무원 교육 1위 (주간동아, G밸리뉴스)

공무원 1위

1위 에듀윌만의
체계적인 합격 커리큘럼

원하는 시간과 장소에서
온라인 강의

① 업계 최초! 기억 강화 시스템 적용
② 과목별 테마특강, 기출문제 해설강의 무료 제공
③ 초보 수험생 필수 기초강의와 합격필독서 무료 제공

쉽고 빠른 합격의 첫걸음 합격필독서 무료 신청

최고의 학습 환경과 빈틈 없는 학습 관리
직영 학원

① 현장 강의와 온라인 강의를 한번에
② 확실한 합격관리 시스템, 아케르
③ 완벽 몰입이 가능한 프리미엄 학습 공간

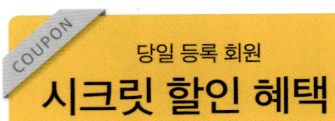 

합격전략 설명회 신청 시 당일 등록 수강 할인권 제공

친구 추천 이벤트

"친구 추천하고 한 달 만에
920만원 받았어요"

친구 1명 추천할 때마다 현금 10만원 제공
추천 참여 횟수 무제한 반복 가능

※ *a*o*h**** 회원의 2021년 2월 실제 리워드 금액 기준
※ 해당 이벤트는 예고 없이 변경되거나 종료될 수 있습니다.

친구 추천 이벤트
바로가기

* 2023 대한민국 브랜드만족도 7·9급공무원 교육 1위 (한경비즈니스)

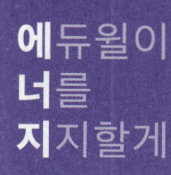

세상을 움직이려면
먼저 나 자신을 움직여야 한다.

– 소크라테스(Socrates)

설문조사에 참여하고 스타벅스 아메리카노를 받아가세요!

에듀윌 9급공무원 유형별 문제집 영어를 선택한 이유는 무엇인가요?
소중한 의견을 주신 여러분들에게 더욱더 완성도 있는 교재로 보답하겠습니다.

- **참여 방법** 좌측 QR코드 스캔 ▶ 설문조사 참여(1분만 투자하세요!)
- **이벤트 기간** 2025년 8월 12일~2026년 7월 31일
- **추첨 방법** 매월 1명 추첨 후 당첨자 개별 연락
- **경품** 스타벅스 아메리카노(tall size)

2026
에듀윌 9급공무원 유형별 문제집
영어 문법·어휘

저자의 말

수험생 여러분 안녕하세요. 헤더진입니다.

적지 않은 시간을 공무원 영어로 수험생들과 소통해 왔습니다.
그리고 그 시간 동안 공무원 영어 출제 기조 변화가 크고 작게 있었습니다.
하지만 그 어느 해도 올해만큼 출제 변화의 폭이 컸던 적은 없었습니다.
새로운 시험에 대해 서술하자면, 추론 영역의 문항이 확대되었고, 독해 영역이 큰 폭으로 늘어났으며, 문법, 어휘 그리고 생활영어는 전반적인 난이도는 낮아진 가운데, 기본에 충실한 요소들의 비중이 늘어났습니다.

시험이 달라진 만큼, 이에 대한 문제풀이 교재도 달라져야 했습니다.
수험생 입장에서 시간과 노력이 허비되지 않도록 밀도 있는 교재를 만들어야겠다고 생각했습니다.
기존 교재에서 쓸 수 없는 문제를 덜어내고, 경향에 맞는 요소들을 중점적으로 다루며, 새롭게 추가된 부분에 대해 고민하고, 수정하며 완성했습니다.
특별히 2026 대비 교재는 각 영역을 DAY별 구성으로 편집해 학습 계획의 편의성을 높였고, 여러 번의 교정 작업을 통해 완성도 높은 교재로 출간되었습니다.

아무리 쉬워졌다고 하나, 여전히 수험생들은 영어 과목을 어려워합니다.
고득점을 얻기까지 상당히 많은 시간과 노력이 투자가 되어야 하는 과목임은 틀림없습니다.
이론 과정을 마무리한 후, 문제 풀이 과정에서 출제의 핵심을 꿰뚫는 훌륭한 교재가 반드시 필요한데, 본서가 수험생들의 실력을 점검하고 향상시켜 줄 매개체가 되리라 확신합니다.

2027년도에는 영어 문항이 25문항으로 늘어난다고 합니다.
출제 기조에 또 한 번의 변화가 예상이 됩니다.

하지만 본서를 접하게 되는 모든 수험생들은 다가오는 2026년, 꼭 '합격'의 열매를 수확하기를 간절히 바랍니다.

마지막으로 교재 집필에 큰 힘을 보태주신 에듀윌 출판사 관계자분들께 진심으로 감사의 말씀 드립니다.

편저자 헤더진

출제 경향 & 학습 전략

어떻게 출제되나요?

* 2025 국가직/지방직 9급 기준

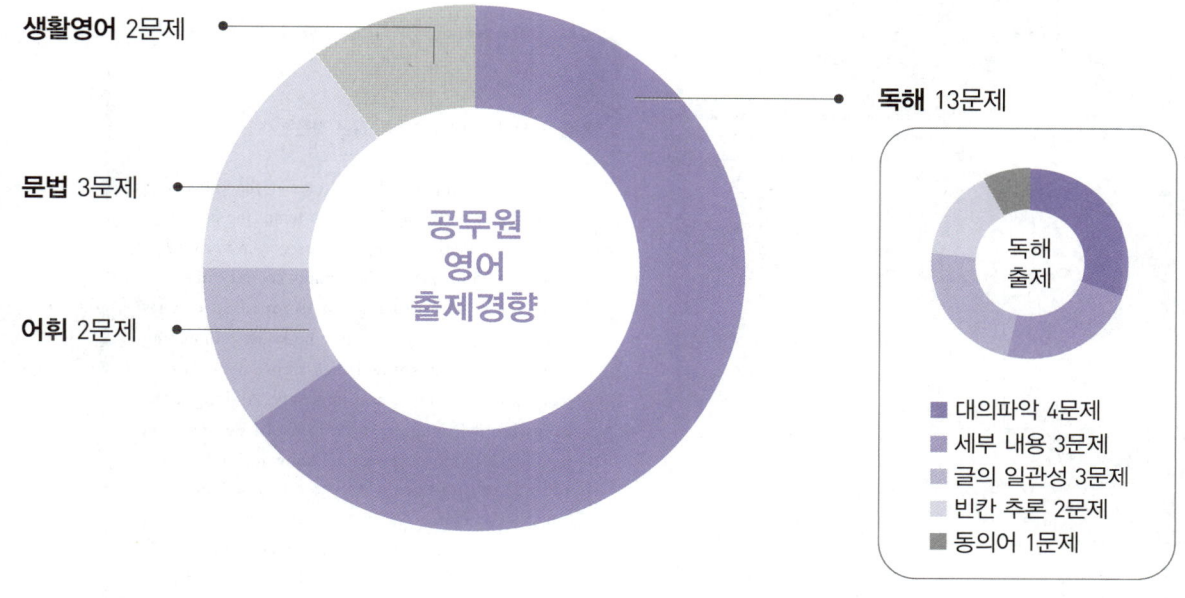

공무원 영어 출제경향
- 생활영어 2문제
- 문법 3문제
- 어휘 2문제
- 독해 13문제

독해 출제
- 대의파악 4문제
- 세부 내용 3문제
- 글의 일관성 3문제
- 빈칸 추론 2문제
- 동의어 1문제

- ✓ 독해 비중의 증가로 빠른 추론과 시간 관리가 중요합니다.
- ✓ 문법과 어휘는 기출 기반의 핵심 요소들 위주로 출제가 이루어집니다.

어떻게 학습해야 되나요?

POINT 1 **독해가 고득점과 합격의 기준!**

2025년부터 변경된 출제 기조의 가장 큰 변화는 '독해'입니다. 문항 수와 지문 길이 증가, 추론의 영역 확대 등으로 독해의 비중이 크게 늘었습니다. 유형별 핵심 요소를 지문에서 식별하고 출제자의 시선으로 정답을 찾는 연습에 집중해야 합니다.

POINT 2 **추론형 독해 문제에서 고득점 여부가 결정된다!**

문법과 어휘, 생활영어는 기출 빈도가 높은 핵심 내용 위주의 반복 학습으로 효과를 볼 수 있습니다. 고득점을 위해서는 단 하나의 영역도 소홀함이 없어야 합니다. 단계와 시기를 고려해 이론과 응용의 과정이 적절하게 이루어져야 합니다.

에듀윌 유형별 문제집의
전략적 구성

문법

01
밑줄 친 부분 중 어법상 옳지 않은 것은?

This is the mechanism ① by which you ② lower blood pressure, by which you dilate the coronary arteries also, to let the blood ③ supplied ④ to the heart.

02
밑줄 친 부분 중 어법상 옳지 않은 것은?

Design would very likely ① to thrive in hard times. During the 1940s in the economic slump after World War II, designers produced furniture and other products from cheap materials like plastic and plywood. Their products were not just cheap, but also beautiful and durable, ② which was a powerful combination. ③ What designers do really well is to work in the conditions of scarcity, ④ coming up with new ways of looking at what they have.

03
밑줄 친 부분 중 어법상 옳지 않은 것은?

To begin with a psychological reason, the knowledge of another's personal affairs can tempt the possessor of this information to repeat it as gossip because as unrevealed information it remains socially inactive. Only when the information is repeated can its possessor ① turn the fact that he knows something into something socially valuable like social recognition, prestige, and notoriety. As long as he keeps his information to ② himself, he may feel superior ③ to those who do not know it. But knowing and not telling does not give him the feeling of "superiority that, so to say, latently contained in the secret, fully ④ actualizing itself only at the moment of disclosure." This is the main motive for gossiping about well-known figures and superiors.

04
밑줄 친 부분에 들어갈 말로 가장 적절한 것은?

_____ by my school I wasn't clever enough to be a vet, I left school to begin my apprenticeship in sailing.

① Telling
② Having told
③ Having been told
④ After I had told

---

① 유형별 30 DAY 구성
매일 학습이 가능하도록 문법/어휘 유형별 30 DAY로 구성하였습니다.
문법: 6문제 30 DAY / 어휘: 6문제 30 DAY

② 출제비중 반영
실제 시험 출제 비중에 맞추어 DAY별로 문제를 배치하였습니다.

05

밑줄 친 부분에 들어갈 말로 가장 적절한 것은?

> At the end of your life when you are on your deathbed, you will not ask the nurse to wheel in your new car, _____ the nurse to bring the money that rests in your bank account. Instead, you will ask those you love to be near you and reflect on the memories you have shared together.

① not you will get
② not will you require
③ nor will you make
④ nor will you ask

05

해석
당신 삶의 마지막에 임종의 자리에 있을 때, 당신은 간호사에게 당신의 새 차를 운전해서 가져오라고도, 당신의 은행 계좌에 들어 있는 돈을 가져오라고도 요청하지 않을 것이다. 대신에 당신은 당신이 사랑하는 사람들에게 가까이에 있어달라고 요청하고 공유하는 추억들을 되돌아볼 것이다.

해설
빈칸에는 앞...
치가 이루어진...
어 to부정사(to...
ask를 쓴 ④가...
로 와야 하므로...

정답 ④

어휘
- **superstitious** 미신적인
- **redeem** 회복[만회]하다; 상환[변제]하다
- **covetous** 탐욕스러운(greedy, avaricious, rapacious, insatiable, voracicus, unquenchable, ravenous)
- **garrulous** 말이 많은, 장황한(talkative, lengthy, chatty, verbose, loquacious, prolix, redundant)
- **decent** 기품[품위] 있는; 친절한; 온당한

06

해석
변할 수 없는 신비로운 수학 법칙 중 하나는 양수와 음수를 곱할 때마다 항상 음수를 얻을 거라는 것이다. 나는 7학년 선생님이셨던 Kramer 선생님이 그것을 우리들의 머릿속에 집어넣으셨던 것을 기억하고 있다. 나의 부족한 논리적 관점에서 볼 때, 언제나 더 큰 수가 어떤 방정식에서든 결정적인 인수가 되어야 할 것 같았다.

해설
③ 타동사 remember의 목적어로 to부정사가 오면 '~할 것을 기억하다'의 의미이다. 문맥상 '~했던 것을 기억하다'의 의미가 되어야 하므로 목적어로 상대적 과거 시점을 나타내는 동명사 putting으로 바꿔야 한다. 'my 7th grade teacher, Mr. Kramer'는 동명사의 의미상의 주어로서 목적격의 형태로 왔다.

get a negative number. I remember my 7th grade teacher, Mr. Kramer, ③ to put that into our heads. It always seemed to me, from my poor logical perspective, ④ that the larger number ought to be the determining factor in any equation.

...는 신비로운 수학 법칙 중 하나는 양수와 음수를 곱할 때마다 ...을 얻을 거라는 것이다. 나는 7학년 선생님이셨던 Kramer 선 ...것을 우리들의 머릿속에 집어넣으셨던 것을 기억하고 있다. ...한 논리적 관점에서 볼 때, 언제나 더 큰 수가 어떤 방정식 ...적인 인수가 되어야 할 것 같았다.

...remember의 목적어로 to부정사가 오면 '~할 것을 기억하다'...이다. 문맥상 '~했던 것을 기억하다'의 의미가 되어야 하므로 ...로 상대적 과거 시점을 나타내는 동명사 putting으로 바꿔야 ...my 7th grade teacher, Mr. Kramer'는 동명사의 의미상의 ...서 목적격의 형태로 왔다.

...로 복수명사의 구조가 되어야 하므로 복수명사 laws로 올바르 ...되었다.
...체의 보어인 명사절을 이끄는 접속사 that에 이어 종속절에 ...부사절을 이끄는 접속사 whenever가 이끄는 절이 삽입된 ...올바른 구조이다.
④ 중간의 삽입구를 제외하면 It always seemed to me에 이어진 구조가 된다. 따라서 가주어 it과 호응하는 진주어를 이끌 수 있는 연결사가 와야 하고, 접속사 that에 이어 완전한 절이 이어졌으므로 올바른 구조이다.

정답 ③

---

3 좌문우해 배치
좌측 페이지나 좌측 단에 수록된 문제에 대한 해설을 우측 페이지나 우측 단에서 바로 확인할 수 있도록 구성하였습니다.

4 상세한 해설
문법편에는 상세한 문법 설명을 수록하고, 어휘편에는 함께 알아두면 좋은 유의어를 수록하였습니다.

에듀윌 유형별 문제집의
추가 혜택

1 최신기출 해설특강

2025 국가직 9급, 2025 지방직 9급 시험 해설특강으로 최신 경향을 파악하세요.

수강경로

① 에듀윌 도서몰(book.eduwill.net) 접속
② 동영상강의실
③ 공무원 → '[최신기출 해설특강] 9급공무원 영어(국가직/지방직) 또는 우측 QR코드를 통해 바로 접속

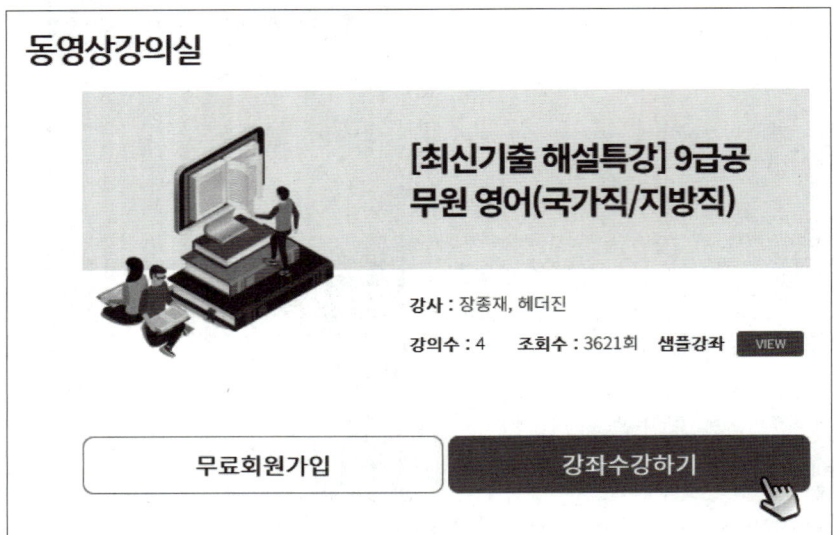

2 OMR 카드(PDF)

실전처럼 마킹 연습을 할 수 있는 OMR 카드를 제공합니다.

수강경로

① 에듀윌 도서몰(book.eduwill.net) 접속
② 도서자료실
③ 부가학습자료
④ '공무원 영어' 검색 또는 우측 QR코드를 통해 바로 접속

이 책의 차례

PART I 문법	PAGE
DAY 01	12
DAY 02	15
DAY 03	18
DAY 04	21
DAY 05	24
DAY 06	27
DAY 07	30
DAY 08	33
DAY 09	36
DAY 10	39
DAY 11	42
DAY 12	45
DAY 13	48
DAY 14	51
DAY 15	54
DAY 16	57
DAY 17	60
DAY 18	63
DAY 19	66
DAY 20	69
DAY 21	72
DAY 22	75
DAY 23	78
DAY 24	81
DAY 25	84
DAY 26	87
DAY 27	90
DAY 28	93
DAY 29	96
DAY 30	99

PART II 어휘	PAGE
DAY 01	106
DAY 02	109
DAY 03	112
DAY 04	115
DAY 05	118
DAY 06	121
DAY 07	124
DAY 08	127
DAY 09	130
DAY 10	133
DAY 11	136
DAY 12	139
DAY 13	142
DAY 14	145
DAY 15	148
DAY 16	151
DAY 17	154
DAY 18	157
DAY 19	160
DAY 20	163
DAY 21	166
DAY 22	169
DAY 23	172
DAY 24	175
DAY 25	178
DAY 26	181
DAY 27	184
DAY 28	187
DAY 29	190
DAY 30	193

PART I

문법

에듀윌 공무원 영어

DAY 01~30

DAY 01 문법

01
밑줄 친 부분 중 어법상 옳지 않은 것은?

① Since 1940, the divorce rate has doubled, and experts predict ② that, ③ of all marriages that ④ were occurred in the 1970s, about 50 percent will end in divorce.

02
밑줄 친 부분 중 어법상 옳지 않은 것은?

The company ① has manufactured footwear in America ② since 1892, ten years after ③ their founder first ④ arrived in New York.

03
밑줄 친 부분 중 어법상 옳지 않은 것은?

There ① seems to be no limit to the enjoyment ② that can ③ find by ④ listening to the music of Beethoven.

04
밑줄 친 부분에 들어갈 말로 올바르게 짝지어진 것은?

A boy _____ by wolves was _____ and reeducated by researchers.

① risen – found
② raised – found
③ who was risen – founded
④ was raised – founded

01

해석

1940년 이래 이혼율이 두 배로 증가해 왔다. 전문가들은 1970년대 이루어진 결혼 중에서 약 50%가 결국 이혼할 것으로 예측하고 있다.

해설

④ occur는 자동사로서, 수동태로 쓸 수 없다. 선행사 marriages를 지칭하는 주격 관계대명사에 이어져 있으며 뒤에 과거시점을 나타내는 in the 1970s가 왔으므로 occurred로 바꿔야 한다.
① since가 전치사로 '~ 이후로'의 의미를 지닐 때 since 뒤에는 과거시점을 나타내는 표현이 이어진다.
② 타동사 predict 뒤에 이어지는 목적어 역할을 하는 명사절을 이끄는 종속접속사로 뒤에는 완전한 절이 이어져야 한다. 부사구(of all marriages~)에 이어 완전한 절 'about 50 percent ~'가 적절하게 왔다.
③ 「전치사+명사」로 이루어진 부사구로 완전한 절 앞에 삽입된 올바른 구조이다.

정답 ④

02

해석

그 회사는 설립자가 처음에 뉴욕에 도착한 지 10년 후인 1892년 이후 미국에서 신발을 제조해 왔다.

해설

③ 지칭하는 대상이 the company로 단수이므로 its가 와야 한다.
①/② since(~ 이후로) 다음에는 과거 시점을 나타내는 표현이 와야 하므로 과거연도 1892가 적절히 왔으며, 1892년 이후부터 현재까지를 나타내는 시제로 현재완료 has manufactured가 올바르게 왔다.
④ 자동사로 뒤에 목적어 없이 장소를 나타내는 전치사구가 올바르게 이어졌다.

정답 ③

03

해석

베토벤의 음악을 들음으로써 발견될 수 있는 즐거움에 제한은 없는 것 같다.

해설

③ find는 타동사로 능동태임에도 뒤에 목적어가 없고, 문맥상 enjoyment는 '발견되는' 것이므로 조동사 can을 감안해 수동 구조인 be found로 바꿔야 한다.
① 유도부사 there에 이어진 구조로 실질적인 주어는 no limit이므로 단수로 취급하여 seems가 온 올바른 구조이다.
② 주격 관계대명사로 앞의 선행사 the enjoyment를 지칭하며, 뒤에 동사로 시작하는 불완전한 절이 올바르게 이어졌다.
④ 전치사 by에 이어 목적어로 동명사가 올바르게 왔다.

정답 ③

04

해석

늑대에 의해 길러진 한 소년이 발견되었고 연구진들에 의해 재교육되었다.

해설

첫 번째 빈칸에는 주어인 명사 a boy를 수식해야 하면서 늑대에 의해 '길러진'의 의미가 되어야 하므로 타동사 raise의 수동구조가 되어야 한다. 따라서 자동사 rise를 응용한 ①과 ③은 정답에서 제외된다. ④의 was raised는 본동사이므로 뒤에 was로 시작된 동사가 있는 것으로 보아 관계대명사 등의 연결사가 필요한데 단독 동사로 왔으므로 정답에서 제외된다. 두 번째 빈칸은 문맥상 '발견된' 것이므로 타동사 find의 과거분사 found가 적절하다. founded는 '설립하다'의 의미를 지닌 타동사의 과거분사이므로 문맥상 적절하지 않다. 따라서 정답은 ②다.

정답 ②

05

밑줄 친 부분 중 어법상 옳지 <u>않은</u> 것은?

> As children ① <u>get older</u> and enter school, teachers ② <u>join with</u> parents in providing the education ③ <u>which</u> young people need in order to become ④ <u>independent</u> and productive members of society.

06

밑줄 친 부분에 들어갈 말로 가장 적절한 것은?

> The city _____ more beautiful now had we realized the need of urban planning sooner.

① can be
② could be
③ could have
④ can have been

05

해석
아이들이 나이를 먹어가고 학교를 들어감에 따라, 사회의 독립적이면서 생산적인 구성원이 되기 위해 젊은이들이 필요로 하는 교육을 제공하는 데 있어 교사들이 부모들에게 참여한다.

해설
② join은 타동사이므로 전치사 with 없이 목적어 parents가 이어져야 한다.
① 접속사 as가 이끄는 부사절의 동사와 보어로, 올바른 구조이다.
③ 관계대명사 which는 선행사인 education을 지칭하며, 이어서 타동사 need의 목적어가 없는 불완전한 절이 이어졌으므로 올바른 구조이다.
④ to become의 보어로 and 뒤에 이어지는 형용사 productive와 병렬구조를 이루는 올바른 구조이다.

정답 ②

06

해석
만약 우리가 좀 더 일찍 도시 계획의 필요성을 깨달았다면, 그 도시는 지금 더 아름다울 수 있을 것이다.

해설
if가 생략된 조건절의 동사가 「had + p.p.」인데 반해, 빈칸이 포함된 주절에 현재를 나타내는 부사인 'now'가 있으므로 혼합 가정법임을 알 수 있다. 현재사실을 나타내기 위해서는 가정법 과거시제가 되어야 하므로 정답은 ②이다.

정답 ②

문법

01

밑줄 친 부분 중 어법상 옳지 <u>않은</u> 것은?

> Do at least one thing each day ① whose only purpose is ② to make you ③ to feel ④ extraordinarily happy, energized, and alive.

01

해석
여러분을 매우 행복하게, 에너지가 넘치게, 그리고 살아 있다고 느끼게 만드는 것이 목적인 일을 최소한 하루에 하나씩 하시오.

해설
③ 사역동사 make에 이어 목적격보어로 왔으므로 동사원형인 feel로 바꿔야 한다.
① 관계대명사가 문맥상 뒤에 이어지는 명사를 수식할 수 있는 구조가 되어야 하므로 소유격인 whose가 왔다.
② 주격보어로 쓰인 to부정사의 명사적 용법이다.
④ 불완전 자동사 feel의 보어로 형용사(happy, energized, alive)가 병렬구조로 이어져 있고, 형용사 happy를 수식하기 위해 부사 extraordinarily가 올바르게 왔다.

정답 ③

02

밑줄 친 부분 중 어법상 옳지 <u>않은</u> 것은?

> In fact, had he ever forgotten ① inviting me in, I ② would have reminded him to do so, ③ as I was ④ enchanted with his orderly, air-conditioned house.

02

해석
사실, 만약 그가 나를 초대할 것을 잊었다면, 나는 그에게 그렇게 하도록 상기시켰을 것이었는데, 나는 그의 질서정연한, 온도 조절이 되는 집에 매혹되었기 때문이었다.

해설
① 동사 forget의 목적어로 동명사(R-ing)가 오면 상대적 과거 시점을 나타내어 '~했던 것을 잊다'의 의미가 된다. 문맥상 '초대해야 할 것을 잊다'가 되어야 하므로 상대적 미래를 나타내는 to invite로 바꿔야 한다.
② if가 생략된 가정법 과거완료 시제의 조건절에 이어진 주절의 동사로 시제일치를 시켜 「조동사 과거+have+p.p.」가 온 올바른 구조이다.
③ 이유의 부사절을 이끄는 접속사로 뒤에 완전한 절이 이어졌다.
④ 주어인 'I'는 '매혹되는' 것이므로 수동의 의미를 지닌 과거분사로 올바르게 표현되었다.

정답 ①

03
밑줄 친 부분 중 어법상 옳지 않은 것은?

Some elements of these medicinal ① plants had effects similar to ② that of painkillers ③ found in frogs and anti-tumor agents ④ derived from snake venom.

04
밑줄 친 부분 중 어법상 옳지 않은 것은?

In ① their evolution, plants could not leave the water without ② solving a host of serious problems. ③ To begin with, the seas provided a ④ continuously supply of water.

05
밑줄 친 부분 중 어법상 옳지 않은 것은?

He was the author ① whom I believed was most likely ② to receive the coveted award, ③ and I guess everybody would ④ agree with me.

06
밑줄 친 부분에 들어갈 말로 가장 적절한 것은?

_____ terms may be used, North Korea will remain the main enemy for South Korea until the two sides renounce the use of force against each other.

① What
② As far as
③ No matter what
④ However

03
해석
이러한 약초들의 일부 성분들은 개구리에서 발견되는 진통제와 뱀의 독액으로부터 얻어지는 항종양 물질의 성분들과 유사한 효과를 지닌다.

해설
② 문맥상 that이 지칭하는 것은 elements이므로 복수로 받아 those가 되어야 한다. 앞에서 언급된 명사를 다시 지칭할 때 수식어구(of+명사, 분사구, 관계사절)가 있는 경우 that 혹은 those로 표현해야 한다.
① plant는 셀 수 있는 명사이므로 these의 수식을 받아 복수형으로 표현되었다.
③ find의 과거분사로 수동의 의미를 지니며 앞의 명사 painkillers를 수식하고 있다.
④ 과거분사로 수동의 의미를 지니며 명사 agents를 수식하고 있다.

정답 ②

04
해석
진화에 있어, 식물들은 많은 심각한 문제들을 해결하지 않고서는 물을 떠날 수가 없었다. 먼저, 바다가 지속적으로 물을 공급해 주었다.

해설
④ 뒤에 이어지는 명사 supply를 수식하기 위해서는 형용사가 와야 한다. 따라서 형용사 continuous로 바꿔야 한다.
① their가 지칭하는 것은 문맥상 이어지는 절의 주어인 plants이므로 복수로 적절하게 받았다.
② 전치사 without의 목적어로 동명사가 왔다.
③ 독립부정사의 표현으로 '먼저, 우선'의 의미이며 문장 전체를 수식하고 있다.

정답 ④

05
해석
내 생각에는 그는 탐내고 있는 그 상을 받을 가능성이 가장 높은 작가이며, 모든 사람들도 나의 말에 동의할 거라고 생각한다.

해설
① 관계대명사 whom 뒤에 I believe에 이어 동사 was가 나왔으므로 I believe는 삽입절임을 알 수 있다. 따라서 동사 was를 바로 받기 위해서는 주격 관계대명사가 되어야 하므로 who로 바꿔야 한다.
② 「be likely to + 동사원형(~할 가능성이 있다)」의 표현으로 to부정사가 적절하게 왔다.
③ 절과 절을 연결해주는 등위접속사로 구조와 문맥상 적절하다.
④ 조동사 would 뒤에 동사원형이 왔으며 문맥상 '~의 의견에 동의하다'의 표현인 agree with가 적절하다.

정답 ①

06
해석
어떤 용어가 쓰이건 간에, 양측이 서로에 대한 무력 사용을 포기하기 전에는 북한은 한국의 주적으로 남을 것이다.

해설
빈칸이 포함된 절은 완전한 주절 앞에 오는 부사절이므로 부사절을 이끌지 못하는 what은 정답에서 제외된다. 빈칸에 이어 명사 terms가 이어졌는데, as far as와 however에 이어질 때 문맥상 어색하다. 따라서 명사 terms를 한정하면서 부사절을 이끌 수 있는 복합관계형용사인 No matter what 혹은 Whatever가 와야 한다.

정답 ③

문법

01
밑줄 친 부분 중 어법상 옳지 <u>않은</u> 것은?

> For some it was ① <u>as</u> serious as ② <u>being infected</u> with inflammatory rheumatoid arthritis, burning lungs, seizures, and axonal polyneuropathy, a condition that ③ <u>prevents</u> brain signals ④ <u>to reach</u> the nerves.

02
밑줄 친 부분 중 어법상 옳지 <u>않은</u> 것은?

> Along with anorexia nervosa, bulimia is an eating disorder ① <u>in which</u> patients consume ② <u>a great number of</u> food and then only to relieve themselves ③ <u>of</u> the extra weight almost right after through ④ <u>self-induced</u> vomiting.

03
밑줄 친 부분 중 어법상 옳지 <u>않은</u> 것은?

> Please note ① <u>that</u> the purpose of this process is solely to help you ② <u>develop</u> more complete and ③ <u>brilliant</u> article and the reviews and feedbacks ④ <u>will be kept strict</u> confidential.

04
밑줄 친 부분에 들어갈 말이 올바르게 짝지어진 것은?

> Korean manufacturers have no choice but _____ a competitive edge on their Japanese counterparts in terms of _____ price and technological superiority.

① gaining – both
② to gain – both
③ gaining – either
④ to gain – either

01

해석

일부에게 그것은 염증성 류마티스 관절염, 타는 듯한 폐, 발작, 그리고 뇌 신호가 신경에 도달하는 것을 막는 다발성 신경장애에 감염되는 것만큼이나 심각했다.

해설

④ to reach의 호응하는 동사는 prevents로 prevent는 목적어에 이어 'from R-ing'가 와야 한다. 따라서 from reaching으로 바꿔야 한다.

① 「as 원급 as」 구조의 동등비교 표현이다.

② 의미상 it은 감염이 되는 것이므로 수동 동명사가 왔다.

③ prevents가 주격 관계대명사 뒤에 왔으므로 선행사 a condition의 수에 동사의 수를 일치시켜야 한다. 선행사가 단수이므로 동사 역시 단수형인 prevents가 적절하게 왔다.

정답 ④

02

해석

신경성 무식욕증(거식증)과 함께, 식욕이상 항진증은 환자들이 많은 음식을 먹고 나서 거의 바로 스스로 유발하는 구토를 통해 여분의 몸무게를 덜고자 하는 섭식 장애이다.

해설

② a (great) number of는 many의 의미로 셀 수 있는 복수명사를 수식해야 한다. food는 셀 수 없는 명사이므로 an amount of, a quantity(deal) of 등으로 바꿔 써야 한다.

① an eating disorder를 선행사로 받은 「전치사 + 관계대명사」 구조이다. 뒤에 완전한 절이 이어졌으므로 올바른 구조이다.

③ 완전타동사 relieve와 호응하는 전치사로 of가 올바르게 왔다.

④ 구토(vomiting)는 유발되어지는 것이므로 수동의 의미를 지닌 과거분사가 수식을 한 올바른 구조이다.

정답 ②

03

해석

이 절차의 목적은 오로지 당신이 더 완벽하고 훌륭한 논문을 향상시키도록 도움을 주는 것이며, 평가와 피드백은 엄밀하게 기밀로 지켜질 것이다.

해설

④ 5형식 문장의 수동태로 동사에 이어진 목적격보어인 형용사 confidential은 부사가 수식해야 한다. 따라서 strict는 'strictly'로 바꿔야 한다.

① 타동사 note의 목적어인 명사절을 이끄는 접속사로 뒤에 완전한 절이 적절하게 이어졌다.

② 준사역동사 help의 목적격보어로 원형부정사 develop이 왔다.

③ and 앞의 형용사 complete와 병렬 구조로 형용사 brilliant가 왔다.

정답 ④

04

해석

한국의 제조업체들은 일본의 제조업체들에 비해 가격과 기술적 우월성 측면에서 경쟁력의 우위를 얻는 수밖에 선택권이 없다.

해설

첫 번째 빈칸에는 '~하지 않을 수 없다'의 표현인 「have no choice but to + R」이 되어야 하므로 to부정사인 to gain이 적절하다. 두 번째 빈칸에는 등위접속사 and와 호응하는 표현으로 both가 들어가야 하므로 정답은 ②이다.

정답 ②

05

밑줄 친 부분에 들어갈 말로 가장 적절한 것은?

> The government is addressing the challenges of a low birthrate with new tax measures, _____ criticism from experts for their potential negative impact on the economy.

① some of them have drawn
② some of that have drawn
③ some of which have drawn
④ some of which have been drawn

05

해석
정부는 새로운 세금 법안으로 저출산 문제를 해결하고자 하는데, 경제에 부정적인 영향을 미칠 가능성으로 인해 전문가의 비난을 받고 있다.

해설
완전한 절에 이어 빈칸에 동사가 포함된 절이 이어져야 하므로 연결사가 없는 ①은 정답에서 제외된다. 전치사에 이어 관계대명사 that을 쓸 수 없으므로 ②도 정답에서 제외된다. 또한 빈칸에 이어 목적어인 명사 criticism이 이어졌으므로 수동태는 올 수 없다. 따라서 정답은 ③이며, 'and some of them have drawn criticism ~'에서 and와 them을 부분명사 some of에 이어 하나의 관계대명사 which로 표현한 문장이다.

정답 ③

06

밑줄 친 부분에 들어갈 말로 가장 적절한 것은?

> President should shift his attention from the plan to animal epidemics at least for some time _____ Korea should undergo similar livestock farming disasters to the ones Britain and Taiwan experienced years ago.

① as if
② so that
③ in that
④ lest

06

해석
한국이 영국과 대만이 수년 전 경험했던 것 같은 축산업의 대재앙을 겪지 않으려면 대통령은 최소한 얼마 동안이라도 그 계획에서 동물 전염병 쪽으로 주의를 돌려야 한다.

해설
문맥상 '~하지 않도록'의 의미가 되어야 하고 종속절에 조동사 should가 있는 것으로 보아 부정의 의미를 가지고 있는 접속사 lest가 가장 적절하다. 이때 should는 생략이 가능하다.

정답 ④

DAY 04 문법

01

밑줄 친 부분 중 어법상 옳지 <u>않은</u> 것은?

① <u>Just as</u> vigorous exercise releases endorphins in your brain that ② <u>makes</u> you feel ③ <u>good</u> physically, your acts of loving-kindness ④ <u>release</u> the emotional equivalent.

01

해석

격렬한 운동이 뇌에서 당신이 신체적으로 기분을 좋게 하는 엔도르핀을 방출하는 것처럼, 애정 어린 친절이 담긴 당신의 행동은 정서적인 등가물을 방출한다.

해설

② 주격 관계대명사 뒤에 이어졌으므로 선행사의 수에 일치시켜야 한다. 문맥상 endorphins가 선행사이므로 복수형인 make로 바꿔야 한다.
① 부사절을 이끄는 접속사 as 이하를 부사 just가 한정했다.
③ 2형식 감각동사인 feel의 보어로 형용사 good이 올바르게 이어졌다.
④ 타동사로 목적어(the emotional equivalent)를 취하고 있고, 주어가 복수(your acts)이므로 수일치가 적절하게 이루어졌다.

정답 ②

02

밑줄 친 부분 중 어법상 옳지 <u>않은</u> 것은?

Even ① <u>more profound</u> than the actual numbers of species extinct and endangered ② <u>is</u> the fact that the rate ③ <u>at which</u> species both terrestrial and aquatic are being lost far ④ <u>exceed</u> any natural extinction rate.

02

해석

육상과 수상 두 종들이 사라지고 있는 속도가 자연스러운 멸종 속도를 훨씬 능가하고 있다는 사실은 멸종하거나 멸종위기에 처한 종의 실질적인 숫자보다 훨씬 더 극심하다.

해설

④ 동사 exceed의 주어는 주절의 보어인 명사 the fact를 서술하는 동격절의 주어인 the rate이므로, 단수로 수일치가 되어야 한다. 따라서 exceeds로 바꿔야 한다.
① 주절의 보어인 형용사가 강조되며 문장의 앞으로 온 구조로, 비교급 표현으로 이어지는 접속사 than이 호응하는 올바른 구조이다.
② 보어인 형용사 profound가 강조되어 문장의 앞으로 오면서 주어와 동사가 도치되었다. 따라서 is의 주어는 뒤에 이어지는 the fact가 되므로 단수로 올바르게 수일치가 이루어졌다.
③ 선행사 the rate를 관계대명사 which가 받고 있으며 at which 뒤에 완전한 절이 이어진 올바른 문장이다.

정답 ④

03

밑줄 친 부분 중 어법상 옳지 않은 것은?

The conditions ① stated in the treaty which ② has been drafted by the United Nations ③ have not been made ④ publicly.

04

밑줄 친 부분 중 어법상 옳지 않은 것은?

Elizabeth Taylor had an eye for beautiful jewels and over the years ① amassed some amazing pieces, once declaring "a girl can always have more diamonds." In 2011, her finest jewels were sold by Christie's at an evening auction that brought in $115.9 million. Among her most prized possessions that ② sold during the evening sale ③ was a 1961 bejeweled timepiece by Bulgari. Designed as a serpent to coil around the wrist, with its head and tail covered with diamonds and ④ having two hypnotic emerald eyes, a discreet mechanism opens its fierce jaws to reveal a tiny quartz watch.

05

다음 빈칸에 들어갈 말로 올바르게 짝지어진 것은?

This text which means so much to Christians _____ based upon an episode in the life of Abraham, _____ example is cherished also by Jews and Muslims.

① is – whose
② being – and
③ are – whom
④ to be – whomever

06

밑줄 친 부분에 들어갈 말로 가장 적절한 것은?

Pesticides, _____, travel thousands of miles in the atmosphere to the Arctic.

① are designed to inhibit photosynthesis
② many are designed to inhibit photosynthesis
③ which many are designed to inhibit photosynthesis
④ many of which are designed to inhibit photosynthesis

03

해석
국제연합에 의해 입안된 조약에 언급된 조건들은 공개되지 않았다.

해설
④ 5형식 문장에서 목적어 the conditions가 주어로 나가면서 목적격 보어(public)가 수동태 동사 뒤에 이어진 구조이다. 보어로 부사는 쓸 수 없으므로 형용사 public으로 바꿔야 한다.
① state는 타동사로 수동의 과거분사에 이어 명사(목적어)가 오지 않았고, 조건들은 '언급되는(stated)' 것이므로 수동의 의미를 지닌 과거분사가 명사 conditions를 올바르게 수식했다.
② 선행사인 the treaty는 '입안되는' 것이므로 수동태로 왔으며, 주격 관계대명사 뒤에 이어졌으므로 선행사에 동사의 수를 일치시킨(has) 올바른 구조이다.

정답 ④

04

해석
엘리자베스 테일러는 아름다운 보석들을 보는 눈이 있었고 수년에 걸쳐 일부 엄청난 보석들을 모았으며, 한번은 '여자는 언제나 더 많은 다이몬드를 원할 수 있다'고 말했다. 2011년에 그녀의 가장 훌륭한 보석들이 115만 9천 달러에 팔렸던 크리스티 사(社)에 의한 한 저녁 경매에서 판매가 되었다. 그날의 저녁 경매 동안 팔린 그녀의 가장 가치 있는 소장품들 중에 1961년에 불가리에 의해 만들어진 보석 시계가 있었다. 팔목 주위를 휘감는 뱀으로 디자인되었고, 머리와 꼬리는 다이아몬드로 덮였으며, 두 개의 최면상태인 에메랄드 눈을 가지고 있는데, 작아서 눈에 띄지 않는 장치가 작은 수정 시계를 드러내기 위해 날카로운 턱을 연다.

해설
② 관계대명사 that에 이어진 동사로, 능동태임에도 sold에 이어 목적어인 명사가 없다. 따라서 구조와 문맥상 수동태가 되어야 하므로 수와 시제를 고려해 were sold로 바꿔야 한다.
① 주어 Elizabeth Taylor의 첫 번째 동사인 had와 등위접속사 and를 두고 병렬된 두 번째 동사로 과거시제로 올바르게 왔다.
③ 「among + 명사」에 이어 도치된 문장의 주어는 a 1961 bejeweled timepiece이므로 단수로 수일치가 올바르게 이루어졌다.
④ with의 목적어인 its head and tail을 서술하는 현재분사로 뒤에 목적어인 two hypnotic emerald eyes가 적절하게 이루어진 분사구문이다.

정답 ②

05

해석
기독교인에게 큰 의미가 있는 이 글귀는 유대인과 이슬람교도 마찬가지로 소중히 여기는 아브라함의 삶의 일화에 바탕을 두고 있다.

해설
첫 번째 빈칸에는 문장 전체 주어인 the text의 동사가 되어야 하므로 수일치를 고려해 'is'가 와야 한다. 두 번째 빈칸에는 절을 이끌면서 선행사인 Abraham을 지칭하는 관계대명사가 와야 하는데, 뒤에 이어진 명사 example을 수식할 수 있어야 하므로 'and his'를 표현한 소유격 관계대명사 'whose'가 들어가야 한다. 따라서 정답은 ①이다.

정답 ①

06

해석
살충제들은, 그중 많은 것들이 광합성을 억제하기 위해 고안되었는데, 대기에서 북극 지방까지 수천 마일을 이동한다.

해설
주어 pesticides의 동사는 빈칸 뒤에 이어지는 travel이므로, 선택지에 나와 있는 동사 are designed가 들어가기 위해서는 접속사 혹은 관계사와 같은 연결어가 필요하다. 따라서 정답은 ③과 ④중에 하나인데, which에 이어 명사 many를 쓸 수 없으므로 ④가 정답이 된다. 관계대명사 which는 접속사 and와 pesticides를 한 번에 받는 표현이다.

정답 ④

DAY 05 문법

01
밑줄 친 부분 중 어법상 옳지 않은 것은?

> The city-states were ① small enough ② to allow most Greeks ③ participate in government affairs and ④ feel intensely about them.

03
밑줄 친 부분 중 어법상 옳지 않은 것은?

> Many accidents ① caused by people ② falling asleep at the wheel ③ are happened early in the morning, ④ induced by drivers having had little or no sleep at all.

02
밑줄 친 부분 중 어법상 옳지 않은 것은?

> Almost ① every staff member who ② are invited to the dinner ③ will receive a reward award ④ for providing high-quality service to customers.

04
밑줄 친 부분에 들어갈 말로 가장 적절한 것은?

> Valerie twisted her ankle Wednesday afternoon, but not until Thursday morning _____ the ankle had become tumescent and uncomfortable to walk.

① she noticed that
② did she notice that
③ she notice what
④ did she notice what

01

해석
도시국가들은 대부분의 그리스인들이 정사에 참여하고 그것들에 관해 강렬하게 느낌을 갖게 할 만큼 충분히 작았다.

해설
③ 목적어인 most Greeks 앞에 allow가 있으므로 밑줄 친 부분이 목적격보어로 왔음을 알 수 있다. allow는 목적격보어로 to부정사가 와야 하므로 to participate로 바꿔야 한다.
①/② 「형용사+enough+to+R」 구조로 '~할 만큼 충분히 …한'의 의미이다.
④ 밑줄 앞에 and가 있으므로 병렬구조를 확인한다. 5형식 동사인 allow의 목적격보어로 to participate에 연결되어 있으므로 (to) feel이 되어야 한다.

정답 ③

02

해석
저녁 식사에 초대된 거의 대부분의 직원들은 고객들에게 고품질 서비스를 제공한 것에 대한 상을 받을 것이다.

해설
② 주격 관계대명사 뒤에 이어지는 동사이므로 선행사에 수일치를 시켜야 한다. 선행사가 member이므로 단수로 받아 are를 'is'로 바꿔야 한다.
① every는 단수명사를 수식한다.
③ 맥락상 미래시제로 적절하게 표현했고, 타동사 receive에 이어 목적어인 a reward award가 올바르게 이어졌다.
④ 전치사 for에 이어 동명사구가 목적어로 온 올바른 구조이다.

정답 ②

03

해석
운전대를 쥐고 잠에 빠지는 사람들에 의해 야기되는 많은 사고들은 아침 일찍 발생하는데, 이는 거의 혹은 전혀 잠을 자지 못한 운전자들에 의해 유발된다.

해설
③ happen은 자동사로서 수동태로 전환할 수 없다. 수와 시제를 고려해 happen으로 바꿔야 한다.
① 과거분사로 주어 Many accidents를 수식한다. '야기된' 사고들이므로 수동의 의미를 지닌 과거분사가 적절하게 왔다.
② people을 수식하는 현재분사로 불완전자동사 falling에 이어 형용사 asleep이 보어로 적절하게 온 구조다.
④ 수동 분사구문으로, 생략된 주어는 문장 전체의 주어 Many accidents이다. 사고들은 운전자들에 의해 '유발되는' 것이므로 수동분사구문으로 올바르게 표현되었다.

정답 ③

04

해석
Valerie는 수요일 오후에 발목을 삐었지만 목요일 오전이 되어서야 비로소 발목이 부어올랐고 걷기가 불편해졌다.

해설
부정어구인 not until Thursday morning에 이어진 문장이므로 의문문의 어순으로 도치가 되어야 한다. 따라서 ②와 ④로 정답이 좁혀진다. 타동사 notice의 목적어인 명사절을 이끄는 연결사가 와야 하는데, 빈칸에 이어 완전한 절이 이어졌으므로 접속사 that이 와야 한다. 따라서 정답은 ②이다.

정답 ②

05

밑줄 친 부분에 들어갈 말로 올바르게 짝지어진 것은?

Donggung-Palace and Wolji-pond is estimated _____ in 674 and historians stress its historic importance that _____ the Silla Kingdom's influence in the Northeast Asian region.

① to build – reflect
② to have built – reflects
③ to be built – reflect
④ to have been built – reflects

05

해석

동궁과 월지는 674년에 지어진 것으로 추정되는데, 사학자들은 이곳이 신라왕국이 동북아시아에 미친 영향을 반영하는 역사적 중요성을 가지고 있다고 강조한다.

해설

첫 번째 빈칸에는 본동사의 시제가 현재(is estimated)인데, 과거 연도의 표현인 'in 674'와 일치가 이루어져야 하므로 완료부정사가 와야 한다. 또한 build가 타동사임에도 빈칸에 이어 목적어에 해당하는 명사가 없으므로 구조와 문맥상 수동형이 되어야 하므로 to have been built가 와야 한다. 두 번째 빈칸에는 주격 관계대명사에 이어진 동사이므로 선행사인 importance에 수를 일치시켜 단수동사인 reflects가 와야 한다. 따라서 ④가 정답이다.

정답 ④

06

밑줄 친 부분 중 어법상 옳지 않은 것은?

In many parts of the world, groundwater is being pumped to the surface faster than ① it can be refilled, and reservoirs ② are approaching to the end of their life spans. Well-and-pump irrigation has extremely lowered the water table in parts of the American Great Plains, causing ancient springs ③ to go dry. Climate change data from the distant past and computer models of future climate conditions ④ suggest that the U.S. Southwest is likely to be entering a drier climate condition.

06

해석

세계의 많은 지역에서 지하수는 다시 채워질 수 있는 속도보다 더 빨리 지면으로 퍼 올려지고 있고, 저수지는 수명을 다해가고 있다. 우물과 펌프를 이용한 관개는 미국 대평야 일부 지역의 지하수면을 엄청나게 낮춰 놓아서 오래된 샘을 마르게 했다. 먼 옛날의 기후 변화 데이터와 미래의 기후 조건을 보여주는 컴퓨터 모델은 미국의 남서부가 아마도 더 건조한 기후 상태로 진입하고 있음을 시사한다.

해설

② approach는 타동사이므로 전치사와 함께 쓸 수 없는 동사이다. 따라서 전치사 to를 삭제해야 한다.
① 문맥상 groundwater를 지칭하므로 단수로 올바르게 표현되었다.
③ 분사구문을 이끄는 현재분사 causing과 호응하는 목적격보어로 to부정사가 올바르게 왔다.
④ 주절의 동사로 접속사 that이 이끄는 명사절이 뒤에 올바르게 이어졌다. 수와 시제를 고려해 'suggest'가 적절하다.

정답 ②

DAY 06 문법

01
밑줄 친 부분 중 어법상 옳지 않은 것은?

① <u>Alike</u> other ② <u>forms</u> of energy, natural gas ③ <u>may be used</u> to ④ <u>heat</u> homes, cook food, and even run automobiles.

01
해석
다른 유형의 에너지처럼 천연가스는 난방을 하고, 음식을 조리하고, 심지어 자동차를 달리게 하는 데에 사용될 수 있다.

해설
① alike는 서술적 용법의 형용사로서 보어로 쓰이므로 뒤에 이어지는 명사를 수식할 수 없다. 따라서 명사를 연결할 수 있는 전치사 like로 바꿔야 한다.
② other의 수식을 받고 있으며 form은 셀 수 있는 명사이므로 복수형으로 올바르게 표현되었다.
③/④ 「be used to+R」은 '~하기 위해 사용되다'의 의미로 문맥상 올바른 표현이다.

정답 ①

02
밑줄 친 부분 중 어법상 옳지 않은 것은?

Approximately ① <u>four-fifths</u> of all ② <u>the informations</u> in computers around the world ③ <u>is</u> ④ <u>in English</u>.

02
해석
전 세계적으로 컴퓨터에 있는 모든 정보의 약 4/5는 영어로 되어 있다.

해설
② information은 셀 수 없는 명사이므로 복수형으로 쓸 수 없다.
① 분수의 표현으로 분자는 기수로, 분모는 서수로 표현하되, 분자가 2 이상일 때는 분모(서수)뒤에 '-s'를 붙인다.
③ 문장 전체의 주어는 information이므로 단수로 받아 is가 왔다.
④ '영어로'의 의미로 전치사에 이어 언어명의 목적어가 이어졌다.

정답 ②

03
밑줄 친 부분 중 어법상 옳지 않은 것은?

① One of the many virtues of the book ② that you are reading is ③ what it provides an entry point into *Maps of Meaning*, ④ which is a highly complex work because the author was working out his approach to psychology as he wrote it.

04
밑줄 친 부분에 들어갈 말로 올바르게 짝지어진 것은?

Fireworks, which _____ centuries ago in China, _____ to Europe by Marco Polo.

① originated – brought
② was originated – brought
③ originated – were brought
④ had originated – being brought

05
밑줄 친 부분에 들어갈 말로 올바르게 짝지어진 것은?

Taking the abolitionist reformer William Lloyd Garrison as her model, she saw _____ the key to success in any endeavor _____ in changing public opinion, not in party action.

① that – laid
② what – lies
③ that – lay
④ what – lain

06
밑줄 친 부분 중 어법상 옳지 않은 것은?

Life is seldom as exciting ① as we think it ought to be. It is the other fellows' life ② that seems full of adventure. ③ No matter how your profession, or how happy you may be in it, ④ there are moments when you wish you had chosen some other career.

03

해석

당신이 지금 읽고 있는 책의 많은 장점 중 하나는, 저자가 집필하면서 심리학에 대한 자신의 접근 방식을 정리하고 있었기에, 매우 복잡한 작품인 〈Maps of Meaning〉으로 진입하도록 한다는 점이다.

해설

③ 주절의 보어인 명사절을 이끄는 연결사가 와야 하는데, 뒤에 완전한 절이 이어졌으므로, 불완전한 절을 이끄는 what을 접속사 that으로 바꿔야 한다.
① 문장 전체 주어로 동사가 is인 것으로 보아 수일치가 이루어졌고, one of 뒤에 복수명사 virtues가 온 것 역시 올바르다.
② that에 이어 타동사 are reading의 목적어가 없는 불완전한 절이 이어졌으므로 that은 관계대명사로 the book을 지칭하고 있음을 알 수 있다. 선행사가 사물이므로 that 대신 which로 바꿔 쓸 수 있다.
④ which는 선행사인 Maps of Meaning을 지칭하며, 계속적 용법이므로 that은 올 수 없다. 뒤에 동사부터 시작되는 불완전한 절이 이어졌으므로 주격 관계대명사 which가 올바르게 왔다.

정답 ③

04

해석

수세기 전에 중국에서 비롯된 화약은 마르코 폴로에 의해 유럽에 도입되었다.

해설

첫 번째 빈칸에는 originate가 자동사이고, centuries ago로 보아 과거시제가 되어야 하므로 'originated'가 와야 한다. 두 번째 빈칸에는 문장 전체의 동사면서 문맥상 유럽에 전해진 것이므로 수동태로 표현되어야 한다. 따라서 'were brought'가 적절하다.

정답 ③

05

해석

노예제도 폐지론자인 개혁가 William Lloyd Garrison을 자신의 여권 신장 운동에서의 모델로 삼은 그녀는 이 운동의 그 어떤 노력에서도 성공의 열쇠는 정당 활동이 아니라 여론을 변화시키는 데에 있다고 생각했다.

해설

첫 번째 빈칸에는 타동사 saw의 목적어인 명사절을 이끌 수 있는 연결어가 와야 한다. 두 번째 빈칸의 경우, 주어 the key에 이어진 동사가 와야 하는데, 주절의 동사가 과거시제이므로 과거동사인 lie의 과거동사인 lay, 혹은 타동사 lay의 과거동사인 laid가 와야 한다. 두 번째 빈칸에 이어 목적어가 없으므로 자동사 lie의 과거동사인 lay가 와야 하고, 결국 첫 번째 빈칸에 이어 완전한 절이 이어졌으므로 접속사 that이 와야 한다. 따라서 정답은 ③이다.

정답 ③

06

해석

인생은 우리가 인생이 그래야만 한다고 생각하는 만큼 거의 즐겁지 않다. 모험으로 가득 차 보이는 것은 다른 사람들의 삶이다. 당신의 직업이 무엇이든, 혹은 당신이 그 직업에서 얼마나 행복하든, 당신이 다른 어떤 직업을 선택했기를 바라는 순간들이 존재한다.

해설

③ 양보의 복합관계부사절인 No matter how(However)는 「No matter how(However) 형용사/부사 + 주어 + 동사」의 어순이 되어야 한다. 또한 문맥상 '당신의 직업이 무엇이든지간에'가 적절하므로 No matter what으로 바꿔야 한다.
① 밑줄 앞의 as exciting과 동등비교로 연결된 올바른 구조다.
② It ~ that 강조구문을 이끌고 있으며 주어가 강조되어 that 이후에 동사가 이어진 문장이다.
④ there are 다음에 복수명사 moments가 주어로 올바르게 이어졌다.

정답 ③

DAY 07 문법

01
밑줄 친 부분 중 어법상 옳지 않은 것은?

① In scrutinizing rock formations of Africa and South America, scientists discovered ② which some rock types on one continent match ③ those on ④ the other.

02
밑줄 친 부분 중 어법상 옳지 않은 것은?

① Neither rain nor snow ② keeps the postman from delivering our letters, ③ in which we so much look forward ④ to receiving.

03
밑줄 친 부분 중 어법상 옳지 않은 것은?

Urban agriculture (UA) has long been dismissed as a fringe activity that ① has no place in cities; however, its potential is beginning to be realized. In fact, UA is about food self-reliance: it involves ② creating work and is a reaction to food insecurity, particularly for the poor. Contrary to what many believe, UA is found in every city, ③ which it is sometimes hidden, sometimes obvious. If one looks carefully, few spaces in a major city are unused. Valuable vacant land rarely sits ④ idle and is often taken over—either formally, or informally—and made productive.

04
밑줄 친 부분에 들어갈 말로 가장 적절한 것은?

Alien contact should be welcomed with open arms, and _____ as a blessing not a sign of a preemptive alien attack.

① think of
② to think of
③ thinking of
④ thought of

01

해석
아프리카와 남아메리카의 암석의 형성을 조사했을 때, 과학자들은 한 대륙에서의 일부 암석 유형들이 다른 대륙에서의 유형들과 필적한다는 것을 발견했다.

해설
② 관계대명사 혹은 의문대명사인 which 다음에는 불완전한 절이 이어지는데, which에 이어 완전한 절이 왔으므로 명사절을 이끄는 접속사 that으로 바꿔야 한다.
① 「In R-ing」는 '~할 때, ~하는 데 있어서'의 의미로 전치사 다음에 동명사가 이어진 자연스러운 구조이다.
③ those는 앞의 types를 다시 받는 대명사로 복수형으로 올바르게 표현되었다.
④ 문장 앞에서 아프리카와 남아메리카라는 두 개의 대상이 제시되었으므로 한쪽은 one (continent), 나머지 하나는 the other (continent)로 올바르게 표현했다.

정답 ②

02

해석
비도 눈도 집배원이 우리의 편지를 배달하는 것을 막지 못하고, 그 편지는 우리들이 받기를 매우 기다리는 것이다.

해설
③ our letters를 선행사로 받은 관계대명사로 뒤에 완전한 절이 이어져야 한다. 하지만 전치사 to의 목적어인 동명사 receiving은 타동사에서 파생되었으므로 목적어가 없는 불완전한 구조이고, receiving의 실질적인 목적어는 선행사인 letters이므로 in which를 'which'로 바꿔야 한다.
① 「neither A nor B」의 구조로 밑줄 친 neither가 뒤에 이어지는 접속사 nor와 적절하게 호응한다.
② 「neither A nor B」가 주어로 오면 마지막에 해석되는 B에 동사의 수를 일치시키므로, snow를 단수로 받아 keeps로 수일치가 올바르게 이루어졌다.
④ 'look forward to(~를 학수고대하다)'에서 to는 전치사로 뒤에 명사/대명사/동명사가 이어진다.

정답 ③

03

해석
도시 농업(UA)은 오랫동안 도시에 설 자리가 없는 변두리 활동으로 치부되어 왔지만, 그 잠재력은 실현되기 시작하고 있다. 사실, UA는 식량 자립에 관한 것이다: 그것은 일자리를 창출하는 것을 포함하고 있으며, 특히 가난한 사람들에게 있어 식량 불안정에 대한 반응이다. 많은 사람들이 믿는 것과는 달리, UA는 모든 도시에서 발견되며, 때때로 숨겨져 있고, 때로는 명백하다. 주의 깊게 보면, 큰 도시에서 사용되지 않는 공간은 거의 없다. 귀중한 공터는 거의 비어 있지 않으며 종종 공식적으로, 또는 비공식적으로 인수되어 생산적으로 만들어진다.

해설
③ 선행사인 명사 every city에 이어진 관계대명사이므로 뒤에는 불완전한 절이 이어져야 한다. 완전한 절이 이어졌고, 선행사가 '장소'임을 고려해 완전한 절을 이끌 수 있는 관계부사 where로 바꿔야 한다.
① 주격 관계대명사 that에 이어진 동사이므로 선행사에 동사의 수를 일치시켜야 한다. 선행사는 a fringe activity이므로 단수로 수일치가 올바르게 이루어졌다.
② 완전타동사 involves의 목적어로 동명사 creating이 올바르게 이어졌다.
④ 자동사 sits에 이어 주어인 land를 서술하는 형용사로 idle이 올바르게 왔다. idle은 맥락상 '무가치한, 사용되지 않는'의 의미이다.

정답 ③

04

해석
외계인과의 접촉은 열린 마음으로 기꺼이 받아들여야 하고, 외계인의 선제 공격의 징후가 아니라 일종의 축복으로 생각해야 한다.

해설
빈칸에는 think of의 올바른 형태가 들어가야 하는데, 빈칸에 이어 「as + 명사」가 이어진 것으로 보아 「think of A as B」의 구조임을 알 수 있다. 빈칸에 이어 목적어인 명사가 없다는 점과, 등위접속사 and를 두고 should be에 이어진 과거분사 welcomed와 병렬구조를 이루어야 하므로 과거분사인 thought of가 와야 함을 알 수 있다. 따라서 정답은 ④이다.

정답 ④

05

밑줄 친 부분에 들어갈 말로 가장 적절한 것은?

> Before his death in January 1740, he _____ of some of the penalties of his treason, although his titles were not restored.

① has relieved
② had been relieving
③ has been relieved
④ had been relieved

해석
1740년 1월 사망하기 전에, 그는 자신의 직위가 회복되지는 않았지만, 그의 반역죄의 일부에서 벗어났다.

해설
타동사 relieve는 「relieve A of B(A를 B로부터 구제하다)」의 구조로 빈칸에 이어 목적어인 A가 없이 of로 이어졌으므로 수동태가 되어야 함을 알 수 있다. 빈칸에 들어갈 시제는 과거 시점인 1740년 그의 사망 이전이 되어야 하므로 대과거로 표현해야 한다. 따라서 정답은 ④이다.

정답 ④

06

밑줄 친 부분 중 어법상 옳지 <u>않은</u> 것은?

> We have known for some time ① that plants such as ferns draw in carbon dioxide and ② release oxygen during photosynthesis, which ③ helps improve air quality for animals. However, it is only in the last few decades ④ what we've discovered their benefits go far beyond oxygen enrichment.

해석
우리는 얼마간 양치식물과 같은 식물들이 광합성을 하면서 이산화탄소를 흡수하고 산소를 배출하며, 이것이 동물들에게 있어 공기의 질을 증진시키는 것을 돕는다고 알고 있었다. 그러나, 우리가 양치식물의 장점이 산소를 풍부하게 하는 것 이상이라는 것을 발견하게 된 것은 다름 아닌 지난 몇 십년 간에 불과했다.

해설
④ 「It ~ that」 강조구문으로 부사구(only in the last few decades)가 강조된 문장이다. what은 관계대명사 혹은 의문대명사로 뒤에는 불완전한 절이 동반된다. 이 문장에서는 완전한 절이 이어졌으므로 that으로 바꿔야 한다.
① 타동사 have known의 목적어인 명사절을 이끄는 접속사로 뒤에 완전한 절이 올바르게 이어졌다.
② 종속절의 동사인 draw와 병렬구조가 되어야 하므로 현재형 동사 release가 올바르게 왔다.
③ help는 to부정사를 목적어로 취하며, 이 때 to는 생략이 가능하므로 올바른 문장이다. 주격 관계대명사에 이어진 동사라 앞 문장을 선행사로 받고 있으므로 단수로 수일치 시켰다.

정답 ④

DAY 08 문법

01
밑줄 친 부분 중 어법상 옳지 않은 것은?

> We regret ① to inform you that the ② requested data cannot ③ be released ④ unless the individual's permission due to our strict confidentiality policy.

01

해석
저희의 엄격한 기밀 정책에 따라 개인의 허가 없이는 요청된 자료들을 공개할 수 없다는 것을 알려드리게 되어 유감입니다.

해설
④ 접속사 unless 다음에는 절이 이어져야 한다. 명사(permission)가 이어졌으므로 비슷한 의미의 전치사 without으로 바꿔야 한다.
① 「regret to + R」은 '~하게 되어 유감이다'의 의미로 문맥에 맞는 구조이다. 「regret + R-ing」는 '~했던 것을 후회하다'이다.
② 자료들(data)은 요청되는 것이므로 수동의 의미를 지닌 과거분사 requested의 수식을 받았다.
③ release는 타동사로 수동구조에 이어 목적어가 없고, 자료들은 공개되는 것이므로 구조와 문맥상 올바른 표현이다.

정답 ④

02
밑줄 친 부분 중 어법상 옳지 않은 것은?

> A study ① conducted between lonely ② and non-lonely people ③ have indicated perceived observational differences ④ between these two types of people.

02

해석
외로운 사람들과 외롭지 않은 사람들 사이에 행해진 한 연구는 이러한 두 가지 유형의 사람들 사이에서 인지되는 관찰상의 차이점을 나타낸다.

해설
③ 문장 전체의 주어는 a study이므로 단수동사인 has indicated로 수 일치 시켜야 한다..
① 연구는 '행해지는' 것이므로 수동의 의미를 지닌 과거분사가 명사 a study를 수식한 올바른 구조이다.
② 「between A and B」의 구조로 'A와 B 사이에서'의 의미이다.
④ 전치사 between은 '(둘) 사이에서'의 의미로 뒤에 이어진 two types로 보아 올바른 표현이다.

정답 ③

03

밑줄 친 부분에 들어갈 말로 올바르게 짝지어진 것은?

> I am here tonight because in this election there is only one person _____ I believe is truly _____ to be president of the United States, and that is our friend Joe Biden.

① who – to qualify
② whom – qualified
③ who – qualified
④ whom – qualifying

04

밑줄 친 부분에 들어갈 말로 올바르게 짝지어진 것은?

> Generally, we speak in _____ shorter sentences than _____ we use when we write. Often you can get away with using only phrases instead of complete sentences.

① very – that
② even – those
③ much – that
④ very – those

05

밑줄 친 부분 중 어법상 옳지 않은 것은?

> The definition of 'turn' casts the digital turn as an analytical strategy which enables us ① to focus on the role of digitalization within social reality. As an analytical perspective, the digital turn makes it ② possibly to analyze and discuss the societal meaning of digitalization. The term 'digital turn' thus signifies an analytical approach ③ that centers on the role of digitalization within a society. If the linguistic turn is defined by the epistemological assumption ④ that reality is constructed through language, the digital turn is based on the assumption that social reality is increasingly defined by digitalization.

06

밑줄 친 부분 중 어법상 옳지 않은 것은?

> Before buying a new appliance, ① compare the characteristics of similar products and their warranties, ② which protect your purchase but ③ frequently ④ varies from product to product.

03

해석

오늘 밤 내가 이 자리에 선 것은 대통령이 될 진정한 자질이 있는 단 한 사람이 바로 우리의 친구 조 바이든이기 때문이다.

해설

첫 번째 빈칸에는 빈칸에 이어 「주어+동사1+동사2」의 구조가 이어졌으므로 「주어+동사1」은 삽입절인 것을 알 수 있다. 따라서 빈칸에 이어 동사가 바로 이어졌으므로 주격 관계대명사 'who'가 적절하다. 두 번째 빈칸에는 문맥상 '자격을 갖춘'의 의미가 되어야 하므로 수동의 과거분사 'qualified'가 적절하다. 따라서 정답은 ③이다.

정답 ③

04

해석

일반적으로 우리는 글을 쓸 때 사용하는 문장들보다 훨씬 더 짧은 문장으로 말한다. 종종 당신은 완전한 문장 대신에 단지 어구들만을 사용함으로 대충 넘어갈 수 있다.

해설

첫 번째 빈칸에는 '훨씬'의 의미로 비교급을 강조하는 부사가 와야 하므로 very를 제외한 나머지 모두 가능하다. 두 번째 빈칸에는 관계사절인 '(that) we use'의 수식을 받는 대명사로 sentences를 지칭할 수 있어야 하므로 'those'가 적절하다. 따라서 정답은 ②이다.

정답 ②

05

해석

'전환'의 정의는 디지털 전환을 사회적 현실 속에서 디지털화의 역할에 집중할 수 있는 분석 전략으로 제시한다. 분석적 관점에서 디지털 전환은 디지털화의 사회적 의미를 분석하고 논의할 수 있게 한다. 따라서 '디지털 전환'이라는 용어는 한 사회 내에서 디지털화의 역할에 초점을 맞춘 분석적 접근을 의미한다. 언어적 전환이 언어를 통해 현실이 구축된다는 인식론적 가정에 의해 정의된다면, 디지털 전환은 디지털화에 의해 사회적 현실이 점점 더 정의되고 있다는 가정에 기초한다.

해설

② 뒤에 이어진 to부정사(to analyze and discuss~)를 서술하는 것이 자연스러우므로, 목적격보어로 형용사인 possible로 바꿔야 한다. to부정사구가 5형식 문장의 목적어로 오면서 to부정사구를 진목적어로 문장 끝으로 보내고 가목적어 it을 쓴 문장이다.

① 불완전타동사 enables와 호응하는 목적격보어로 to부정사인 to focus가 올바르게 왔다.

③ 선행사 approach를 지칭하는 관계대명사로, 뒤에는 동사부터 시작하는 불완전한 절이 올바르게 이어졌다. which로 바꿔 쓸 수 있다.

④ assumption의 동격절을 이끄는 접속사로, 뒤에는 완전한 절이 이어진 올바른 구조이다.

정답 ②

06

해석

새 가전제품을 구입하기 전에, 유사한 제품들의 특징과 보증서를 비교하라. 그리고 보증서는 당신의 구매를 보호하지만 종종 제품에 따라 다양하다.

해설

④ 관계대명사 which에 이은 동사의 병렬구조이다. 선행사가 복수명사(warranties)이므로 varies를 vary로 바꿔야 한다.

① 부사구에 이어진 문장으로 명령문의 구조이므로 동사원형으로 올바르게 표현되었다.

② 선행사가 사물(warrants)이고 계속적 용법이므로 which로 적절하게 표현했다.

③ 동사 vary를 수식하는 부사로 구조와 문맥상 적절하다.

정답 ④

DAY 09 문법

01
밑줄 친 부분 중 어법상 옳지 않은 것은?

So bizarre ① were the events ② surrounded the two murders that even an elaborate official investigation ③ conducted by Chief Justice Warren could not quiet all doubts and theories about ④ what had really happened.

02
밑줄 친 부분 중 어법상 옳지 않은 것은?

To find a good starting point, one must return to the year 1800, ① when the first modern electric battery was developed. Italian Alessandro Volta found that a combination of silver, copper, and zinc was ideal for producing an electrical current. The enhanced design, which ② called a Voltaic pile, was made by stacking some discs ③ made from these metals between discs made of cardboard soaked in sea water. There was such talk about Volta's work ④ that he was requested to conduct a demonstration before the Emperor Napoleon himself.

03
밑줄 친 부분에 들어갈 말로 가장 적절한 것은?

By 1915 U.S. industry, _____, was prospering again with munitions orders from the Western Allies.

① was depressed
② has been depressed
③ which has been depressed
④ which had been depressed

04
밑줄 친 부분에 들어갈 말로 올바르게 짝지어진 것은?

When a teacher presents a _____ of new concepts, students' faces begin to show signs of anguish and frustration; some write furiously in their notebooks, while _____ give up writing in complete discouragement.

① succession – others
② succession – the other
③ success – another
④ success – the others

01

해석
그 두 살인을 둘러싼 사건들이 매우 기묘해서, 연방 대법원장인 Warren에 의해 실행된 정밀한 공식 수사조차도 실제로 무슨 일이 발생했는가에 대한 모든 의심들과 이론들을 침묵시킬 수 없었다.

해설
② 분사 surrounded에 이어 목적어인 the two murders가 이어졌으므로 수동의 과거분사가 아닌 능동의 의미를 지닌 현재분사 surrounding으로 바꿔야 한다.
① 보어인 형용사 bizarre가 문장 앞으로 오면서 주어와 be동사가 도치된 문장이므로 were의 주어는 뒤에 이어지는 the events이다. 복수명사가 주어이므로 수일치가 올바르게 이루어졌다.
③ 과거분사 conducted by가 명사 investigation을 수식하는 구조로 문맥상 수동구조로 올바르게 표현되었다.
④ 전치사 about의 목적어로 명사절이 이어졌으며, 명사절을 이끄는 연결어로 의문대명사 what에 이어 불완전한 절이 온 올바른 구조이다.

정답 ②

02

해석
좋은 출발점을 찾으려면 최초의 현대적 전기 배터리가 개발된 1800년으로 돌아가야 한다. 이탈리아의 Alessandro Volta는 은, 구리 및 아연의 결합이 전류를 생성하는 데 이상적이라는 것을 발견했다. Voltaic pile(전기쟁반)이라고 불리는 개선된 구상은 바닷물에 적신 판지로 만든 디스크 사이에 이 금속들로 만든 쟁반을 쌓아서 만들었다. Volta의 연구에 대한 이야기들로 인해 그는 나폴레옹 황제 앞에서 시연을 하도록 요청받았다.

해설
② 주격 관계대명사 which에 이어진 동사이므로 능동태 동사이다. which는 선행사인 the enhanced design으로, design이 a Voltanic pile을 부르는(called) 것은 맥락상 어색하고, a Voltanic pile로 '불리는' 것이 자연스러우므로 수동태 동사로 바꿔야 한다. 따라서 시제를 고려해 was called로 바꿔야 한다.
① 선행사 the year 1800을 지칭하는 관계부사로, 뒤에 완전한 절이 올바르게 이어졌다.
③ 명사 discs를 수식하는 과거분사로 구조와 맥락상 올바르다.
④ 주절의 such와 호응해 결과 부사절을 이끄는 접속사로 뒤에 완전한 절이 올바르게 이어졌다.

정답 ②

03

해석
1915년에 이르러, 불황에 빠져 있던 미국 산업은 서방 동맹국들로부터의 군수품 주문으로 다시 번영하고 있었다.

해설
주어 U.S. industry의 동사가 빈칸에 이어진 was prospering이므로, 빈칸에 동사가 들어가기 위해서는 관계대명사 which가 필요하다. 과거 시점인 1915년 이전인 '대과거~과거' 시점에 불황에 빠져 있었으므로 과거완료시제로 표현한 ④가 정답이다.

정답 ④

04

해석
교사가 연달아 새로운 개념을 제시하면 학생들의 얼굴에는 괴로움과 좌절의 기색이 보이기 시작한다. 어떤 학생들은 노트에 미친 듯이 필기를 하는 반면, 다른 학생들은 완전히 낙심하여 필기하는 것을 포기한다.

해설
첫 번째 빈칸에는 문맥상 '연속의' 표현이 되어야 하므로 success(성공)가 아닌 succession(연속, 계승)이 적절하고, 두 번째 빈칸에는 ①과 ② 중에서 문맥상 '다른 학생들'의 표현이 되어야 하므로 'others'가 적절하다. the other는 두 개의 대상 중 나머지 하나를 지칭하고 단수로 수일치가 이루어져야 하므로 문맥과 구조상 적절하지 않다.

정답 ①

05

밑줄 친 부분에 들어갈 말로 가장 적절한 것은?

> About 130 baseball players, several actors, and ordinary citizens, _____ from the military service after manipulating their medical records by giving bribes.

① were found to have exempted
② were found to have been exempted
③ were founded to be exempted
④ were founded to have exempted

06

밑줄 친 부분 중 어법상 옳지 <u>않은</u> 것은?

> Some reporters looked at daily and ① monthly records ② kept by many famous people ③ such as Goethe, Victor Hugo, Mozart and Charles Darwin. These studies indicated that they tend to have peaks of creativity ④ every 7.6 month.

05

해석

약 130명의 프로 야구선수, 여러 배우들, 그리고 일반 시민들이 뇌물을 주고 신체검사 결과를 조작하는 방식으로 병역 면제 판정을 받은 것으로 드러났다.

해설

exempt는 '면제하다'의 의미로 병역으로 면제받은 것이 '발견된' 것이므로 본동사는 타동사 find의 수동태인 'were found'가 적절하다. were founded는 '설립되다'의 표현이므로 문맥상 적절하지 않다. exempt는 타동사이므로 빈칸에 이어 목적어가 없는 점과 문맥상 병역에서 면제된다는 점을 고려하면 수동부정사의 형태가 되어야 한다. 따라서 정답은 ②이다.

정답 ②

06

해석

일부 기자들이 괴테, 빅토르 위고, 모차르트와 찰스 다윈과 같은 많은 유명한 사람들에 의해 보존된 일간 그리고 월간 기록들을 보았다. 이러한 연구들은 그들이 7.6개월마다 창의력의 정점에 도달하는 경향이 있었다는 것을 보여주었다.

해설

④ '매 ~마다'의 표현으로 7.6은 복수이므로 'months'로 바꿔야 한다.
① records를 수식하는 형용사의 병렬구조이다. 형용사 daily와 등위접속사 and에 이어 형용사 monthly가 올바르게 이어졌다.
② 명사 records를 수식하는 과거분사로, 타동사임에도 뒤에 목적어인 명사가 없고, 기록은 '보존되는' 것이므로 수동의 의미를 지닌 과거분사로 올바르게 표현되었다.
③ such as는 '~처럼'의 의미로 뒤에 명사가 올바르게 이어졌다.

정답 ④

DAY 10 문법

01
밑줄 친 부분 중 어법상 옳지 <u>않은</u> 것은?

> ① <u>With advertising plummeting</u>, many other publishers ② <u>eager for</u> a new source of revenue are considering ③ <u>to make</u> the switch, ④ <u>despite</u> the risk of losing audience and advertising.

01
해석
광고가 급락하면서, 새로운 수입원을 바라는 많은 다른 출판업자들은 독자와 광고를 잃는 위험에도 불구하고 변화를 고려하고 있다.

해설
③ consider의 목적어로 to부정사가 아닌 동명사가 와야 하므로 making으로 바꿔야 한다.
① 「with + 목적어 + 분사」 구조로 목적어와 분사의 관계를 따져서 현재분사 혹은 과거분사를 쓴다. 광고는 그 자체가 폭락하는 것이므로 자동사 plummet에서 파생한 현재분사가 적절하게 이어졌다.
② 형용사구가 명사 publishers를 수식하고 있다.
④ 양보의 의미를 지닌 전치사로 뒤에 목적어로 명사(the risk)가 적절하게 이어졌다.

정답 ③

02
밑줄 친 부분 중 어법상 옳지 <u>않은</u> 것은?

> For people who are blind, everyday tasks such as sorting through the mail or doing a load of laundry ① <u>present</u> a challenge. But what if they could "borrow" the eyes of someone who could see? That's the thinking behind Aira, a new service that ② <u>enables</u> its thousands of users to stream ③ <u>alive</u> video of their surroundings to an on-demand agent, using either a smartphone or Aira's proprietary glasses. The Aira agents, who are available 24/7, can then answer questions, describe objects or ④ <u>guide</u> users through a location.

02
해석
시각장애인들에게 우편물을 분류하거나 빨래를 많이 하는 것과 같은 일상적인 일은 난제이다. 하지만 그들이 볼 수 있는 사람의 눈을 '빌릴' 수 있다면 어떨까? 그것이 Aira 이면에 숨겨진 생각인데, Aira는 수천 명의 사용자가 스마트폰이나 Aira의 전용 안경을 사용하여 주문자 자신의 주변 상황을 실시간으로 스트리밍할 수 있게 해주는 새로운 서비스이다. 24시간 이용할 수 있는 Aira 에이전트는 질문에 답하거나, 물건을 설명하거나, 위치를 통해 사용자를 안내할 수 있다.

해설
③ alive는 명사를 수식할 때 전치 수식할 수 없는 서술적 형용사이다. 보어로 쓰거나 명사를 수식할 때는 후치 수식해야 한다. 따라서 video를 수식할 수 있는 형용사로 맥락과 구조상 live로 바꿔야 한다.
① 주어 everyday tasks의 동사로서, 복수로 수일치가 이루어졌다.
② 주격 관계대명사에 이어진 동사로 선행사인 a new service와 수일치가 이루어졌고, 목적어에 이어진 목적격보어로 to stream이 이어졌으므로 올바른 구조이다.
④ 접속사 or로 보아 병렬구조임을 알 수 있다. 조동사 can에 이어진 동사원형 answer, describe에 이어 동사원형 guide가 올바르게 왔다.

정답 ③

03
밑줄 친 부분 중 어법상 옳지 않은 것은?

While advances in transplant technology have made it ① possible to extend the life of individuals with end-stage organ disease, it is argued ② that the biomedical view of organ transplantation as a bounded event, which ③ end once a heart or kidney is successfully replaced, conceals the complex and dynamic process ④ that more accurately represents the experience of receiving an organ.

04
밑줄 친 부분에 들어갈 말로 올바르게 짝지어진 것은?

The regulation requires that everyone _____ holds a non-immigrant visa _____ his address to the federal government in January of each year.

① that – report
② whoever – reports
③ whoever – report
④ that – has reported

05
밑줄 친 부분에 들어갈 말로 올바르게 짝지어진 것은?

Where I work, in the Arab region, people are busy taking up Western innovations and _____ them into things which are neither conventionally Western _____ traditionally Islamic.

① change – and they are
② changing – but are they
③ change – nor they are
④ changing – nor are they

06
밑줄 친 부분 중 어법상 옳지 않은 것은?

Of those that ① survive, half die before their second birthday and most all succumb to the disease ② before they are five years old. These statistics ③ does not include the vast number of African children who has been ④ orphaned by AIDS.

03

해석

(장기) 이식 기술의 발전으로 말기 장기 질환 환자의 수명이 연장될 수 있지만, 장기 이식술을 일단 심장이나 신장이 성공적으로 교체되면 끝나는 하나의 제한된 이벤트라는 생물 의학적 견해는 장기를 받는 경험을 좀 더 정확히 나타내주는 복잡하고 역동적인 과정을 감춘다고 주장한다.

해설

③ 주격 관계대명사 which에 이어진 동사이므로 선행사인 event에 수일치를 맞춰야 한다. 따라서 단수동사인 ends로 바꿔야 한다.

① 목적어 it에 이어진 형용사로 목적격보어이다. 구조와 맥락상 진목적어인 to extend를 서술하고 있는 올바른 구조이다.

② 가주어 it과 호응하는 진주어인 명사절을 이끄는 접속사로 that에 이어 완전한 절이 올바르게 이어졌다.

④ 선행사인 process를 지칭하는 관계대명사로 뒤에 부사인 more accurately에 이어 동사 represents로 시작하는 불완전한 절이 올바르게 이어졌다.

정답 ③

05

해석

내가 일하는 아랍권의 사람들은 서구의 혁신들을 받아들이며, 기존의 서구도 아니면서 전통 이슬람도 아닌 것으로 그것들을 변화시키고 있다.

해설

첫 번째 빈칸에는 and에 이어진 병렬구조를 찾아야 하는데, 문맥상 taking up과 호응해야 함을 알 수 있다. 따라서 동명사 'changing'이 와야 한다. 두 번째 빈칸에는 neither와 호응하는 접속사로 nor가 와야 하며, nor에 이어진 문장은 의문문의 어순으로 도치가 되어야 하므로 'nor are they'가 와야 한다. 따라서 ④가 정답이다.

정답 ④

04

해석

그 규정에 따라 비이민자 비자를 보유한 모든 사람은 매년 1월에 연방 정부에 자신의 주소를 신고해야 한다.

해설

첫 번째 빈칸은 선행사가 everyone이므로 관계대명사는 'that'이 와야 한다. 두 번째 빈칸에는 주절의 동사가 요구동사(requires)이므로 종속절의 동사로 'should report' 혹은 should가 생략된 'report'가 되어야 하므로 정답은 ①이다.

정답 ①

06

해석

생존자 중 절반은 두 살 이전에 죽고 대부분 다섯 살이 되기 전에 병으로 죽는다. 이 통계 자료들은 에이즈로 고아가 된 많은 아프리카 어린이는 포함하지 않는다.

해설

③ statistics는 '통계학'의 의미일 때는 단수로, '통계 자료들'의 의미일 때는 복수로 받는다. 문맥상 '통계 자료들'의 의미이므로 복수로 수일치 시켜 do not include로 바꿔야 한다.

① 선행사가 those이므로 주격 관계대명사에 이어진 동사로 복수동사가 올바르게 왔다.

② 시간부사절을 이끄는 접속사로 before에 이어 완전한 절이 이어진 올바른 구조이다.

④ 'orphan'은 '고아로 만들다'의 의미를 지닌 타동사이므로 문맥상 수동태로 온 올바른 구조다.

정답 ③

DAY 11 문법

01
밑줄 친 부분 중 어법상 옳지 않은 것은?

I think ① by working together we can have ② both open government and private lives, and I look forward to ③ work with everyone around the world ④ to see that happen.

02
밑줄 친 부분 중 어법상 옳지 않은 것은?

① Though the belief that the quality of older houses is superior to ② that of modern houses, the foundations of most pre-20th-century houses are dramatically shallow compared to today's, and ③ have only stood the test of time due to the flexibility of their timber framework or ④ the lime mortar between bricks and stones.

03
밑줄 친 부분 중 어법상 옳지 않은 것은?

One reason for upsets in sports — ① in which the team predicted to win and supposedly superior ② to their opponents surprisingly ③ losing the contest — ④ is that the superior team may not have perceived their opponents as threatening to their continued success.

04
밑줄 친 부분에 들어갈 말로 올바르게 짝지어진 것은?

Nicolas Carson, _____ I have a close working relationship, mentioned your name to me and strongly suggested that I _____ you.

① whom – contacted
② with whom – contacted
③ whom – contact
④ with whom – contact

01

해석
함께 협력하면 우리는 열린 정부와 사생활을 모두 가질 수 있으며, 나는 전 세계의 모든 사람들이 함께 노력하여 이것을 이룰 수 있기를 기대한다.

해설
③ 「look forward to + 명사/동명사」의 구조가 되어야 하므로 work를 동명사 working으로 바꿔야 한다.
① 중간에 삽입된 부사구로 「전치사 + 동명사」의 구조가 자연스럽다.
② 등위접속사 and와 호응해 등위상관접속사로 쓰이며 open government와 private lives가 병치되었다.
④ 완전한 절에 이어진 to부정사의 부사적 용법이다.

정답 ③

02

해석
더 오래된 주택의 품질이 현대 주택의 품질보다 우수하다는 믿음에도 불구하고, 대부분의 20세기 이전 주택의 토대는 오늘날과 비교하여 엄청나게 얇팍하며, 벽돌과 석재 사이의 목재 구조와 석회 모르타르의 신축성으로 인해 세월의 시련을 견뎌냈다.

해설
① Though는 '양보'의 접속사로 뒤에 완전한 절이 이어져야 한다. 뒤에 명사 the belief가 이어졌으므로 전치사의 목적어가 되어야 하며, 따라서 '양보'의 전치사인 Despite 혹은 In spite of로 바꿔야 한다.
② the quality를 지칭하는 대명사로 of modern houses의 수식을 받고 있으므로 단수 대명사인 that으로 올바르게 받았다. 같은 문장 내의 명사를 다시 지칭하는 대명사가 'of 명사', 형용사구, 분사구 등에 의해 수식을 받을 때는 that 혹은 those로 써야 한다.
③ 등위접속사 and에 이어졌으므로 병렬구조를 확인해야 한다. 주어인 복수명사 houses의 첫 번째 동사인 are와 병렬구조로 복수동사인 have가 올바르게 이어졌다.
④ 등위접속사 or를 두고 구전치사인 due to의 목적어인 their timber framework와 병렬구조로 명사 the lime mortar가 올바르게 왔다.

정답 ①

03

해석
스포츠에서 승리할 것으로, 그리고 상대방보다 우월할 것으로 예상되는 팀이 놀랍게도 시합에서 지는 한 가지 이유는 그 우월한 팀이 상대방을 자신의 지속적인 성공에 위협적인 것으로 인식하지 못했을 수도 있다는 것이다.

해설
③ 관계대명사 which 내에 동사가 있어야 하는데, losing이 주어인 the team의 동사가 되어야 한다. 따라서 수와 시제를 고려해 loses로 바꿔야 한다.
① 맥락상 선행사인 upsets를 수식하는 관계사절을 이끌며, in which에 이어 완전한 절(the team이 주어, loses가 동사, the contest가 목적어)이 올바르게 이어졌다.
② 라틴계 비교형용사인 superior와 호응하는 '~보다'의 표현으로 전치사 to가 올바르게 왔다.
④ 문장 전체 주어인 one reason의 동사로, 단수로 수일치가 올바르게 이루어졌다.

정답 ③

04

해석
저와 업무상 친밀한 관계를 맺고 있는 Nicolas Carson이 당신의 이름을 언급하면서 연락해 볼 것을 강하게 제안했습니다.

해설
첫 번째 빈칸에는 뒤에 완전한 절이 이어졌으므로 문맥과 구조상 'with whom'이 적절하고, 두 번째 빈칸에는 주절의 동사가 주장의 동사 suggested가 왔으므로 종속절의 동사는 「should + 동사원형」이 되어야 하는데, 이때 should는 생략이 가능하므로 동사원형인 'contact'가 되어야 한다. 따라서 정답은 ④이다.

정답 ④

05

밑줄 친 부분 중 어법상 옳지 <u>않은</u> 것은?

It's impossible to know for sure ① <u>if</u> cats dream just like we do. However, if you've ever watched your cat when she's fast ② <u>asleep</u>, you will know that sometimes her whiskers, her paws, or even her tail might move suddenly as if she's dreaming. Cats can even be heard growling or purring ③ <u>during</u> asleep occasionally, so perhaps they go out hunting or chasing mice in their dreams! Cats can sleep for many hours of the day. In fact, the average cat naps for 13-18 hours every day ④ <u>to save</u> energy and pass the time.

06

밑줄 친 부분 중 어법상 옳지 <u>않은</u> 것은?

Children are often jealous of the better possessions of other children and become rapidly ① <u>dissatisfied</u>. One of the tasks of parenthood is to help children ② <u>to learn</u> to be satisfied with ③ <u>what</u> they have rather than demanding the possessions of others. It is a difficult task, and few of us grow to be adults without this childish voice still making itself ④ <u>hear</u>.

05

해석
고양이가 우리가 하는 것과 똑같이 그렇게 꿈을 꾸는지 확실히 아는 것은 불가능하다. 하지만 만일 당신이 당신의 고양이가 곤히 잘 때 그것을 본 적이 있다면, 당신은 때때로 고양이의 수염, 발, 혹은 심지어 꼬리가 마치 꿈을 꾸고 있는 것처럼 갑자기 움직일 수도 있다는 것을 알게 될 것이다. 심지어 고양이가 잠들어 있는 동안에 이따금 으르렁거리거나 기분 좋게 가르랑거리는 소리를 내는 것을 들을 수 있는데, 아마도 그들은 꿈속에서 사냥을 하거나 쥐를 쫓으러 밖으로 나가는 것일 수 있다! 고양이는 하루에 많은 시간 동안 잠잘 수 있다. 사실상, 평균적인 고양이는 에너지를 절약하고 시간을 보내기 위해 매일 13시간에서 18시간 동안 낮잠을 잔다.

해설
③ 전치사 during의 목적어로 명사 혹은 명사 상당어구가 와야 하는데 형용사 asleep이 이어졌으므로 during은 쓸 수 없다. 비슷한 의미를 지닌 접속사 while로 바꿔야 하며, 이 때 while에 이어 「주어 + 동사(they are)」가 생략된 것으로 볼 수 있다.

① 진주어인 to know의 목적어로 접속사 if가 이끄는 명사절이 이어졌으며, 이때 if는 '~인지 아닌지(whether)'의 의미이다. if에 이어 완전한 절이 올바르게 이어졌다.

② be동사의 보어로 서술적 형용사인 asleep이 올바르게 왔다.

④ 완전한 절에 이어진 to부정사의 부사적 용법으로, 문맥상 '목적'의 의미로 왔다.

정답 ③

06

해석
어린 아이들은 종종 다른 아이들이 가지고 있는 더 좋은 것들에 대해 질투를 하며 순식간에 불만스러워진다. 어버이로서 해야 할 일 중의 한 가지는 아이들이 다른 아이들이 가지고 있는 것을 원하기보다는 그들이 가지고 있는 것에 만족스러워하는 것을 배우도록 돕는 것이다. 그것은 힘든 일이며, 우리들 중에 이러한 유치한 목소리를 여전히 듣지 않고 성장해서 어른이 되는 사람은 거의 없다.

해설
④ making의 목적어는 itself로 this childish voice를 지칭한다. 목소리는 '들리는' 것이므로 수동의 과거분사 'heard'가 making과 호응하는 목적보어로 와야 한다.

① 주어 children은 '만족되는' 것이므로 수동의 과거분사 dissatisfied가 주격보어로 올바르게 왔다.

② 준사역동사 to help에 이어진 목적보어로 to부정사가 올바르게 왔다.

③ 전치사 with의 목적어인 명사절을 이끄는 연결사로 뒤에는 타동사 have의 목적어가 없는 불완전한 절이 올바르게 이어졌다.

정답 ④

DAY 12 문법

01

밑줄 친 부분 중 어법상 옳지 않은 것은?

> The bodies of animals and men are the home of excessively small organisms ① are called bacteria, some of ② which, through the poisonous substances ③ that they give out, ④ cause disease.

01

해석

동물과 인간의 몸은 박테리아라고 불리는 매우 작은 유기체들의 서식처인데, 그것들이 방출하는 해로운 물질을 통해 일부는 질병을 야기한다.

해설

① are called 앞에 연결어(접속사, 관계사, 의문사) 없이 동사 are가 이미 있으므로 ①은 본동사가 올 수 없다. 따라서 준동사가 와야 하며 문맥상 '박테리아로 불리는 유기체'가 되어야 하므로 수동의 의미를 지닌 과거분사 called로 바꿔야 한다.
② 앞의 문장과 뒤의 문장을 연결하면서 선행사 bacteria를 받은 관계대명사 which가 적절하게 이어졌다.
③ 선행사 substances를 수식하는 관계대명사로 that이 적절하게 왔다.
④ 관계대명사 which에 수를 일치시켜야 하는데, 선행사와 which가 같은 대상이므로 결국 bacteria에 동사의 수를 일치시켜야 한다. bacteria는 복수형이므로 적절하게 수일치가 이루어졌다. bacteria의 단수형은 bacterium이다.

정답 ①

02

밑줄 친 부분에 들어갈 말로 가장 적절한 것은?

> Those _____ what goes on online argue that Internet content is simply a reflection of what goes on in our society.

① opposed to regulate
② who oppose to regulate
③ opposed to regulating
④ who opposed to regulating

02

해석

온라인에서 일어나는 일을 규제하는 것에 반대하는 사람들은 인터넷 콘텐츠는 단지 우리 사회에서 무슨 일이 일어나고 있는지를 반영하는 것이라고 주장한다.

해설

빈칸에는 주어인 대명사 Those를 수식하는 표현이 와야 한다. oppose는 타동사로 '~에 반대하다'의 표현은 「be opposed to R-ing」로 써야 한다. 따라서 빈칸에는 주격 관계대명사가 이끄는 who are opposed to regulating이 오거나, who are를 생략한 opposed to regulating이 와야 한다. 따라서 정답은 ③이다.

정답 ③

03

밑줄 친 부분 중 어법상 옳지 않은 것은?

An interesting aspect of human psychology is that we tend to like things more and find them more appealing if everything about those things is not obvious the first time we experience them. This is certainly true in music. For example, we might hear a song on the radio for the first time that catches our interest and ① decide we like it. Then the next time we hear it, we hear a lyric we didn't catch the first time, or we might notice ② what the piano or drums are doing in the background. A special harmony ③ emerges that we missed before. We hear more and more and understand more and more with each listening. Sometimes, the longer ④ that takes for a work of art to reveal all of its subtleties to us, the more fond of that thing — whether it's music, art, dance, or architecture — we become.

04

밑줄 친 부분에 들어갈 말로 가장 적절한 것은?

One of my closest friends _____ of her backpack during her stay in New York last year.

① had robbed
② was robbed
③ had herself robbing
④ had been robbed

05

밑줄 친 부분에 들어갈 말로 올바르게 짝지어진 것은?

If you ask someone honest _____ should happen to _____ did forge those checks, an honest person is much more likely to recommend strict rather than lenient punishment.

① that – whoever
② what – whoever
③ that – no matter who
④ what – no matter whom

06

밑줄 친 부분 중 어법상 옳지 않은 것은?

Their work on primal cultures ① in particular may help ② the rest of us not only to respect such people's right to survive, but also ③ thinking about the value system and rituals that have helped those cultures ④ live substantially.

03

해석

인간 심리의 흥미로운 일면은, 우리가 처음으로 어떤 것들을 경험할 때 그것들에 대한 모든 것이 분명하지는 않은 경우에 그것들을 더 좋아하고 그것들이 더 매력적이라고 생각하는 경향이 있다는 것이다. 이것은 음악에 있어서 분명히 사실이다. 예를 들어 우리는 라디오에서 우리의 관심을 끄는 노래를 처음 듣고, 그 노래가 마음에 든다고 결정을 내릴 수 있다. 그리고 나서 다음에 그것을 들을 때, 우리는 처음에 알아차리지 못한 가사를 듣거나, 배경에서 피아노나 드럼이 무엇을 하고 있는지 알아챌 수 있다. 우리가 전에 놓쳤던 특별한 화음이 나타난다. 우리는 점점 더 많은 것을 듣게 되고, 매번 들을 때마다 점점 더 많이 이해하게 된다. 때때로 예술 작품이 우리에게 그것의 모든 미묘한 요소들을 모두 드러내는 데 걸리는 시간이 길어질수록, 그것이 음악이든, 미술이든, 춤이든, 또는 건축이든 간에 우리는 그것을 더 좋아하게 된다.

해설

④ '~가 …하는 데 (시간)이 걸리다'라는 의미의 「it takes 시간 for + 사람 to + R」에서 시간에 해당하는 표현인 long이 앞으로 나가 「the 비교급, the 비교급」의 일부를 이룬 것이므로 that을 'it'으로 바꿔야 한다.
① 문장 전체 동사 might hear에 이어 등위접속사 and를 두고 병렬구조를 이루고 있으므로 동사원형으로 올바르게 표현되었다.
② what은 notice의 목적어인 명사절을 이끌고 있으며 뒤에 are doing의 목적어가 없는 불완전한 절이 올바르게 이어졌다.
③ A special harmony가 주어이므로 수일치가 올바르게 이루어졌다.

정답 ④

04

해석

나의 가장 친한 친구들 중 한 명이 작년에 뉴욕에 머무르는 동안 그녀의 배낭을 도난당했다.

해설

last year로 보아 과거시제가 되어야 함을 알 수 있고, 「rob A of B」에서 목적어인 A가 주어로 빠진 수동태 문장이 되어야 하므로 정답은 ②가 되어야 한다.

정답 ②

05

해석

여러분이 정직한 사람에게 수표를 위조한 사람들에게 무슨 일이 일어나야 하냐고 묻는다면, 진솔한 사람은 관대한 처벌보다는 엄한 처벌을 추천할 가능성이 높다.

해설

첫 번째 빈칸에는 수여동사(ask)와 간접목적어인 someone honest에 이어지는 직접목적어인 명사절을 이끄는 연결사가 와야 한다. 빈칸에 이어 동사 should happen이 이어졌으므로 주어의 역할을 할 수 있는 의문대명사 'what'이 적절하다. 두 번째 빈칸에는 전치사 to의 목적어인 명사절을 이끄는 연결사가 와야 하는데 no matter whom은 부사절을 이끄므로 명사절과 부사절 모두 이끌 수 있는 복합관계대명사 'whoever'가 적절하다. whoever는 주격이므로 빈칸에 이어 동사의 강조로 did forge가 이어졌다.

정답 ②

06

해석

원시 문화에 대한 그들의 연구는 특히 나머지 우리들이 그러한 사람들의 생존권을 존중할 뿐 아니라, 그러한 문화들이 실질적으로 생존하도록 도움을 주었던 가치 제도와 의식들에 대해 생각하도록 도움을 줄 수 있다.

해설

③ 등위상관접속사 「not only A but also B」의 구조에서 A와 B가 5형식 문장의 목적격보어로 병렬되어야 한다. 따라서 to respect에 맞추어 (to) think about으로 바꿔야 한다.
① 부사구로 문장 중간에 삽입되었다.
② 주절의 불완전타동사 may help의 목적어로 「the 부분명사 of 명사」의 구조로 왔고, '나머지 우리들'의 의미이다.
④ 관계대명사절에 이어진 5형식 문장에서 준사역 동사 help의 목적격보어로 동사원형 live가 올바르게 왔다.

정답 ③

DAY 13 문법

01
밑줄 친 부분 중 어법상 옳지 않은 것은?

> The problem is ① that there were much more guys on death row ② than there were lawyers ③ with whom had ④ both the interest and the expertise to work on some cases.

02
밑줄 친 부분에 들어갈 말로 가장 적절한 것은?

> An organization _____ lacks diversity in thinking.

① which members have similar educational backgrounds
② what members have similar educational backgrounds
③ whose members have similar educational backgrounds
④ of which members have similar educational backgrounds

03
밑줄 친 부분 중 어법상 옳지 않은 것은?

> In Japan, the introduction of tea-drinking, about six hundred years ago, ① altered almost every aspect of life. It ② influenced on politics as the tea ceremony became a place where warring factions could meet. It fundamentally altered religion, ③ because tea and Buddhism were inextricably mixed together. One cup of tea was ④ worth an hour of Zen meditation.

04
밑줄 친 부분에 들어갈 말로 가장 적절한 것은?

> The old man did not like the new chair, because he _____ in his old chair.

① use to sit
② used to sit
③ was used to sit
④ was used to sitting

01

해석
문제는 일부 사건에 관심과 전문성을 모두 갖춘 변호사보다 사형 판결을 받은 사람들의 수가 훨씬 더 많았다는 점이다.

해설
③ 「전치사 + 관계대명사」에 이어 완전한 절이 이어져야 하는데, 주어 없이 동사 had가 바로 이어졌으므로 주격 관계대명사 who로 바꿔야 한다.
① 문장 전체의 보어인 명사절을 이끄는 접속사로 뒤에 완전한 절이 이어진 올바른 구조이다.
② 비교급 more guys와 호응하는 접속사로 올바르게 표현되었다.
④ both에 이어 A and B에 해당하는 the interest and the expertise가 적절하게 이어졌다.

정답 ③

02

해석
비슷한 교육 배경을 가진 사람이 모인 조직에는 사고의 다양성이 없다.

해설
빈칸에는 주어인 명사 an organization에 이어 명사절이 올 수 없으므로 선행사를 포함한 관계대명사 what이 이끄는 ②는 올 수 없다. 선행사인 an organization을 지칭하면서 관계대명사에 이어진 명사 members와 연결이 자연스러운 것은 '조직의 구성원들'이 되어야 하므로 소유격 관계대명사가 와야 한다. 이때 whose 대신 of which를 쓰는 경우는 members 앞에 정관사 the가 와야 하므로 빈칸에 들어갈 것으로 가장 적절한 것은 ③이다.

정답 ③

03

해석
일본에 약 600년 전 도입된 차 마시기는 삶의 거의 모든 면을 바꾸어 놓았다. 차 마시는 의식(다도)이 서로 싸우는 당파들의 만남의 장이 됨에 따라 그것은 정치에도 영향을 주었다. 차와 불교가 불가분적으로 관련이 되었기 때문에 차 마시기는 종교를 근본적으로 변화시켰다. 한 잔의 차는 한 시간 동안의 선(禪) 명상만큼의 가치가 있었다.

해설
② influence는 타동사이므로 전치사 on 없이 목적어가 이어져야 한다. 따라서 on을 삭제해야 한다.
① 주어 the introduction의 본동사로 과거의 부사구(~ ago)와 호응해 과거동사인 altered로 올바르게 시제일치가 이루어졌다.
③ because는 접속사로 뒤에 완전한 절이 올바르게 이어졌다.
④ worth는 목적어를 취하는 형용사로 뒤에 목적어에 해당하는 an hour ~가 올바르게 이어졌다.

정답 ②

04

해석
그 노인은 새 의자를 좋아하지 않았는데, 그는 오래된 의자에 앉는 것에 익숙했기 때문이었다.

해설
문맥상 '~에 익숙하다'의 표현이 되어야 하므로 「be used [accustomed] to R-ing」가 정답이 되어야 한다. 「used to + R」은 '~하곤 했다', 「be used to + R」은 '~하기 위해 사용되다'의 의미로 정확하게 구분해야 한다.

정답 ④

05

밑줄 친 부분 중 어법상 옳지 않은 것은?

The moon travels across the sky at a rate of roughly 13.5 degrees per day, and stars in the path of the moon end up ① being hidden as a result of this movement. The moon appears ② large to the eye because it is close to the earth, and this means that many stars are hidden by the moon as it moves. ③ If a lunar cover-up occurs depends on the relative position of the moon, the stars, and the observer. Thus, if the position of the person performing an observation and the time ④ at which the observation was made are accurately known, it is possible to determine the position of the moon.

06

밑줄 친 부분에 들어갈 말로 가장 적절한 것은?

I wish I _____ her on the day when she came to Busan in business.

① meet
② met
③ have met
④ had met

05

해석
달은 하루에 대략 13.5도의 비율로 하늘을 가로질러 움직이며, 이 운동 때문에 달의 행로에 있는 별들이 결과적으로 보이지 않게 된다. 달은 지구에 가까이 있기 때문에 우리 눈에 크게 보이며, 이것이 달이 움직일 때 이 달에 의해 많은 별들이 보이지 않게 되는 이유이다. 달에 의한 차단이 일어나느냐 아니냐는 달과 별들과 관찰자의 상대적 위치에 달려 있다. 따라서, 관찰을 하는 사람의 위치와 그 관찰을 하는 시간이 정확히 알려진다면 달의 위치를 측정할 수 있다.

해설
③ 주어인 명사절을 이끄는 접속사가 되어야 하므로 if는 쓸 수 없다. '~인지 아닌지'의 의미가 되어야 하므로 접속사 'whether'로 바꿔야 한다.
① 「end up R-ing(결국 ~하게 되다)」의 표현으로 주어인 달의 일부는 '감춰지는' 것이므로 수동의 being hidden으로 올바르게 표현되었다.
② 불완전자동사 appears의 보어로 주어를 서술하는 형용사 large가 올바르게 왔다.
④ which는 선행사인 time을 지칭하며, 「전치사 + 관계대명사」에 이어 완전한 절이 올바르게 이어졌다.

정답 ③

06

해석
그녀가 사업차 부산에 왔던 그날에 그녀를 만났으면 했는데.

해설
I wish 가정법 표현으로, 관계부사절(when ~)의 시제가 과거이므로 가정법 과거완료시제가 되어야 함을 알 수 있다. 따라서 ④가 정답이다.

정답 ④

DAY 14 문법

01

밑줄 친 부분 중 어법상 옳지 않은 것은?

> Critics of new voting technology are often ① <u>accused for</u> being alarmists, ② <u>but</u> this state-sponsored study contains vulnerabilities that ③ <u>seem</u> almost ④ <u>too</u> bad to be true.

01

해석

새로운 투표 기술을 비난하는 사람들은 종종 공연히 소란을 피우는 사람으로 비난을 받지만, 이러한 정부 후원 연구는 사실이라고 하기에는 너무 나쁜 것으로 보이는 취약성들을 지니고 있다.

해설

① 동사 accuse는 「accuse A of B」의 구조로 쓰이는데, 이 문장은 목적어 A가 주어로 빠진 수동태 문장이다. 따라서 전치사 for를 of로 바꿔야 한다.
② 절과 절을 연결하는 등위접속사로 문맥상 '역접'의 표현으로 올바르게 왔다.
③ 주격 관계대명사에 이어지는 동사로 선행사인 vulnerabilities와 수 일치가 올바르게 이루어졌다.
④ 「too ~ to+R」 구조로 '매우 ~해서 …할 수 없는'의 의미이며 문맥상 적절하다.

정답 ①

02

밑줄 친 부분에 들어갈 말로 올바르게 짝지어진 것은?

> The manuscript is believed to _____ at Lyon in the ninth century as revealed by a distinctive ink _____ for supplementary pages.

① repair – using
② be repaired – used
③ have repaired – using
④ have been repaired – used

02

해석

그 필사본은 추가 페이지에 사용된 독특한 잉크에 의해 밝혀진 것처럼 9세기 리옹에서 고쳐진 것으로 생각된다.

해설

첫 번째 빈칸에는 과거의 표현인 'in the ninth century'로 보아 본동사(is believed)보다 앞선 시점의 표현이 되어야 한다. 또한 타동사 repair의 목적어가 이어지지 않았으므로 수동형이 적절하므로 완료수동형인 'have been repaired'가 와야 한다. 두 번째 빈칸에는 명사 ink를 수식하는 분사로 잉크는 '사용되는' 것이므로 수동의 과거분사 'used'가 적절하다, 따라서 정답은 ④이다.

정답 ④

03

밑줄 친 부분 중 어법상 옳지 않은 것은?

The present moment feels special. It is real. However much you may remember the past or anticipate the future, you live in the present. Of course, the moment ① during which you read that sentence is no longer happening. This one is. In other words, it feels as though time flows, in the sense that the present is constantly updating itself. We have a deep intuition that the future is open until it becomes present and ② that the past is fixed. As time flows, this structure of fixed past, immediate present and open future gets carried forward in time. Yet as natural as this way of thinking is, you will not find it reflected in science. The equations of physics do not tell us which events ③ are occurred right now — they are like a map without the "you are here" symbol. The present moment does not exist in them, and therefore neither ④ does the flow of time.

04

밑줄 친 부분에 들어갈 말로 올바르게 짝지어진 것은?

Camels _____ 'ships of the desert' because humans use them to carry heavy loads, as well as being a _____ of personal transportation.

① call – mean
② are called – means
③ have called – mean
④ have called – means

05

밑줄 친 부분 중 어법상 옳지 않은 것은?

Thinking machines ① have inched a step closer to reality. And if cyborgs have you worried, instead ② think of robots that can help with housework. Some researchers are busy ③ designing programs that can guide the behavior of a robot in a way similar to ④ what the different parts of the brain interact to guide the behavior of a mouse in a maze.

06

밑줄 친 부분에 들어갈 말로 가장 적절한 것은?

All mobile phones were supposed _____ to the authorities before the exam, but officials did not enforce this strictly, many exam takers recalled.

① to submit
② to have submitted
③ having submitted
④ to have been submitted

03

해석

현재 순간은 특별하게 느껴진다. 그것은 실재한다. 여러분이 얼마나 많이 과거를 기억하거나 미래를 예상할지라도, 여러분은 현재에 살고 있다. 물론, 여러분이 그 문장을 읽었던 그 순간은 더 이상 일어나고 있지 않다. 이 순간은 일어나고 있다. 다시 말해서, 현재가 지속적으로 그 자체를 갱신하고 있다는 의미에서 시간은 흐르는 것처럼 느껴진다. 우리는 미래가 그것이 현재가 될 때까지 열려 있고, 과거는 고정되어 있다는 깊은 직관력을 가지고 있다. 시간이 흐르면서, 고정된 과거, 당면한 현재 그리고 열린 미래라는 이 구조가 시간 안에서 앞으로 흘러간다. 그러나 이러한 사고방식이 자연스러울지라도, 여러분은 이것이 과학에 반영된 것은 발견하지 못할 것이다. 물리학의 방정식들은 어떤 사건들이 바로 지금 발생하고 있는지 우리에게 말해 주지 않는데, 그것들은 '현재 위치' 표시가 없는 지도와 같다. 현재 순간은 그것들 안에 존재하지 않으며, 그러므로 시간의 흐름도 그렇지 않다.

해설

③ 문장 전체의 직접목적어인 의문형용사 which가 이끄는 명사절의 동사로, occur는 자동사이므로 수동태로 쓸 수 없다. right now로 보아 현재진행 시제가 자연스러우므로 'are occurring'으로 바꿔야 한다.

① which는 선행사인 the moment를 지칭하는 관계대명사로, 전치사 during과 함께 쓰였으며, 뒤에는 완전한 절이 올바르게 이어졌다.

② 명사 intuition의 동격절로, 첫 번째 동격절에 이어 등위접속사 and를 두고 이어진 두 번째 동격절을 이끌고 있다.

④ 부정의 동의의 표현으로 동사 exist를 대신하므로 수와 시제를 고려해 대동사 'does'로 올바르게 표현되었다.

정답 ③

04

해석

낙타는 종종 인간들이 개인 교통수단뿐만 아니라 무거운 짐들을 운반하는 데 사용하기 때문에 '사막의 배'라고도 불린다.

해설

첫 번째 빈칸에서 call은 문맥상 '불리어지다'의 의미가 되어야 하므로 5형식 문장의 수동태 구조가 되어야 한다. 따라서 'are called'가 적절하다. 두 번째 빈칸에는 부정 관사 a의 한정을 받는 명사가 되어야 하므로 '수단, 방법'의 의미로 쓰이는 'means'가 적절하다. 따라서 정답은 ②이다.

정답 ②

05

해석

생각하는 기계는 현실에 한 걸음 더 다가왔다. 그리고 만약 사이보그가 당신을 걱정스럽게 한다면 대신 가사를 도울 수 있는 로봇에 대해 생각해 보라. 어떤 연구자들은 미로에 빠진 쥐의 행동을 조절하기 위해 뇌의 다른 부분들이 상호 작용하는 방법과 유사한 방식으로 로봇의 행동을 조절할 수 있는 프로그램들을 개발하느라 분주하다.

해설

④ 전치사 to의 목적어로 의문사 what이 이끄는 명사절이 이어졌고 what에 이어 불완전한 절이 이어져야 하지만 완전한 절이 이어졌으므로 구조와 맥락을 고려해 의문부사 how로 바꿔야 한다.

① 주어는 machines이므로 동사의 수가 복수동사인 have inched로 수일치가 올바르게 이루어졌다.

② 조건절에 이어진 주절의 시작으로, 뒤에 본동사가 없으므로 주어 you가 생략된 명령문임을 알 수 있다. 동사원형으로 올바르게 표현했다.

③ 「be busy R-ing」의 구조로 '~하느라 바쁘다'의 표현으로 designing이 올바르게 왔다.

정답 ④

06

해석

모든 휴대전화는 시험 전에 고사장에서 제출되어야 하지만 시험 감독관들은 이러한 규정을 엄격히 실시하지 않았다고 많은 수험생들이 회상했다.

해설

submit은 '제출하다'의 의미로 타동사이다. 「be supposed to + 동사원형」의 구조이므로 ③은 정답에서 제외된다. 빈칸에 이어 submit의 목적어인 명사가 없으므로 구조와 문맥상 수동 구조가 되어야 함을 알 수 있다. ①과 ②는 시점의 차이만 있을 뿐, 능동 구조이므로 정답에서 제외된다. 따라서 완료수동부정사인 to have been submitted가 정답이다. 완료부정사이므로 본동사인 과거 시점보다 앞선 시점을 나타내고 있다.

정답 ④

DAY 15 문법

01
밑줄 친 부분 중 어법상 옳지 <u>않은</u> 것은?

> There is ① <u>nothing wrong</u> with being closer to the United States, which, ② <u>though</u> increasing troubles at home and abroad, ③ <u>is</u> still the world's No. 1 superpower. The nearer, ④ <u>the better</u>, some might even say.

03
밑줄 친 부분 중 어법상 옳지 <u>않은</u> 것은?

> The act of following political leaders on Twitter ① <u>needs</u> more study. While the average Twitter user follows ten or fewer people, it is not known ② <u>whether</u> followers of political leaders are that selective. Furthermore, no one has discovered ③ <u>what</u> standards followers use to select political leaders. Followers may seek leaders from a variety of political perspectives, or they may limit themselves to only those leaders ④ <u>whom</u> views reinforce their ideology.

02
밑줄 친 부분에 들어갈 말로 가장 적절한 것은?

> If we had been faithful in caring and sharing, justice and peace _____ a chance in the world today.

① have
② will have
③ would have
④ would have had

04
밑줄 친 부분에 들어갈 말로 올바르게 짝지어진 것은?

> There are certain circumstances in which someone may _____ of liberty against their will even if they have not committed a crime, nor _____ about to.

① deprive – they are
② be deprived – they are
③ deprive – are they
④ be deprived – are they

01

해석
미국과 더 가깝다는 것이 나쁠 것은 전혀 없는데, 미국은 국내외적으로 문제가 많아지고는 있지만 아직도 세계 제1의 초강국이기 때문이다. 가까우면 가까울수록 좋다고 말할 수도 있다.

해설
② 관계대명사 which에 이어진 종속절에서 삽입된 부사구를 이끌어야 하므로, 접속사가 아닌 전치사로 바꿔야 한다. '양보'의 전치사 despite 혹은 in spite of 등으로 바꿔야 한다.
① '-thing'으로 끝나는 명사는 형용사가 수식할 때 뒤에서 수식해야 하므로 올바른 구조이다.
③ 주격 관계대명사 which에 이어진 동사이므로 선행사에 수를 일치시켜야 한다. 선행사가 국명(the United States)이므로 단수로 수일치가 올바르게 이루어졌다.
④ The nearer과 호응하는 「the 비교급」의 구조로 올바르게 표현되었으며 '~할수록 더 …하다'의 의미이다.

정답 ②

03

해석
트위터에서 정치 지도자를 추종하는 행위는 연구가 더 필요하다. 보통의 트위터 사용자들은 10명 이하를 따르지만, 정치 지도자의 추종자들이 그렇게 선별적인지는 알려져 있지 않다. 더욱이, 추종자들이 정치 지도자를 선별하기 위해 어떤 기준을 사용하는지 아무도 알아내지 못했다. 추종자들은 다양한 정치적 관점으로부터 지도자를 찾거나, 혹은 그들의 견해가 자신들의 이데올로기를 강화시켜 주는 그런 지도자들에게만 스스로를 한정시킬 수 있다.

해설
④ whom은 목적격 관계대명사이므로 이어지는 절에서 타동사의 목적어 혹은 전치사의 목적어가 없는 불완전한 절이 이어져야 한다. 타동사 reinforce의 목적어가 있고, 관계대명사절의 주어인 views를 수식할 수 있어야 하므로 소유격 관계대명사 whose로 바꿔야 한다.
① 주어 The act의 동사로 단수동사 needs가 올바르게 왔다.
② 가주어 it과 호응하는 진주어인 명사절을 이끄는 접속사로, 뒤에 완전한 절이 올바르게 이어졌다.
③ 타동사 has discovered의 목적어인 명사절을 이끄는 의문형용사로 명사 standards를 수식한다. followers use what standards를 간접의문문의 어순인 「의문사+α+주어+동사」로 재배열한 구조이다.

정답 ④

02

해석
우리가 보살핌과 나눔에 충실했더라면, 정의와 평화는 오늘날 세상에서 기회가 있을 텐데.

해설
조건절의 동사로 had been이 왔으므로 과거의 반대되는 사실을 나타내는 가정법 과거완료시제이다. 그러나 빈칸이 포함된 문장에 '현재'를 나타내는 시간 부사 today가 있으므로 혼합 가정법 시제로 빈칸에는 가정법 과거시제인 would have가 들어가야 한다. 따라서 ③이 정답이다.

정답 ③

04

해석
범죄를 저지르지 않았으며 그럴 계획이 없는 경우라 하더라도 누군가 자신의 의지에 반해 자유를 박탈당하는 특정 상황들이 있다.

해설
첫 번째 빈칸에는 타동사 deprive의 변형이 되어야 하는데, 빈칸에 이어 목적어가 없으므로 수동의 구조가 되어야 함을 알 수 있다. 따라서 조동사 may에 이어 'be deprived'가 적절하고, 두 번째 빈칸에는 부정어인 nor에 이어진 문장이므로 의문문의 어순으로 도치가 되어야 한다. 따라서 'are they'가 적절하다.

정답 ④

05

밑줄 친 부분에 들어갈 말로 가장 적절한 것은?

> _____ in 2013, the buildings are harmonized with their natural surroundings through stretched hills.

① To complete
② Completed
③ Completing
④ Having completed

06

밑줄 친 부분 중 어법상 옳지 않은 것은?

> Dogs, like people, have their own unique temperaments, but there are certain breeds that ① are more suited to living on a farm than others. These breeds, which tend to be the herding dogs and the working dogs, somehow ② understanding that your chickens are not playthings, but are part of their pack and need ③ to be protected. However, even these breeds need to be trained properly to respect the other livestock and ④ understand that you and your family members are the alphas in his pack, which means you need to be obeyed.

05

해석

2013년에 완공된 그 빌딩들은 길게 뻗은 언덕들을 따라서 자연환경과 조화를 이루고 있다.

해설

빈칸에는 뒤에 이어진 완전한 절을 수식하는 부사구가 와야 한다. to부정사의 부사적 용법과 분사구문 모두 가능하지만, 생략된 주어인 건물들은 '완공되는' 것이므로 수동형이 와야 하고, 과거 연도(in 2013)로 보아 이어진 절의 시제인 현재시제보다 앞선 시점이 되어야 함을 알 수 있다. 따라서 빈칸에는 Having been completed, 혹은 Having been을 생략한 Completed가 적절하므로 정답은 ②이다.

정답 ②

06

해석

개들은 사람들과 마찬가지로 그들 나름의 독특한 기질을 지니고 있지만, 다른 종들보다 농장에서 사는 데 더 적합한 종들이 있다. 이러한 종들은 목축견이거나 작업견인 경우가 많은데, 왠지 모르겠지만 닭이 노리갯감이 아니라 그들 무리의 일부이며 보호되어야 한다는 것을 이해한다. 하지만 이러한 종들도 다른 가축들을 존중하고, 여러분과 여러분의 가족이 무리 중에서 으뜸인 사람들이며, 그것은 그들이 여러분의 명령에 복종해야 한다는 것을 의미한다는 것을 이해하도록 적절하게 훈련을 받아야 한다.

해설

② 문장 전체의 주어인 These breeds에 이어진 동사가 되어야 하므로 복수 동사인 understand로 바꿔야 한다.
① 주격 관계대명사 that에 이어진 동사로 선행사인 breeds에 수일치시켜 복수로 올바르게 왔으며, 비교급 more는 뒤에 이어진 접속사 than과 적절하게 호응하고 있다.
③ 문맥상 to부정사의 주체는 chickens로 '보호될' 필요가 있으므로 수동부정사로 올바르게 표현되었다.
④ to respect에 이어 등위접속사로 병렬구조를 이루고 있으므로 (to) understand로 올바르게 왔다. to부정사가 병치될 때 두 번째 to는 생략 가능하다.

정답 ②

DAY 16 문법

01

밑줄 친 부분 중 어법상 옳지 않은 것은?

① Before I travelled in East Asia, I had no notion ② which Japanese, Chinese and ③ Korean arts ④ were so beautiful.

01

해석
내가 동아시아를 여행하기 전에, 나는 일본, 중국, 한국의 예술이 매우 아름답다는 생각을 하지 않았다.

해설
② which에 이어 완전한 절이 이어졌으므로 명사 notion의 동격절을 이끄는 접속사 that으로 바꿔야 한다.
① 시간 접속사로 부사절을 이끌며 뒤에 완전한 절이 이어졌다.
③ 등위접속사 앞에 나열되어 있는 형용사 Japanese, Chinese와 병렬구조를 이루고 있으며 명사 arts를 수식한다.
④ 주어가 arts이므로 복수동사로 수일치가 이루어졌다.

정답 ②

02

밑줄 친 부분에 들어갈 말로 가장 적절한 것은?

_____ for the rest of his life, he had an elaborate answer.

① Asking he wants to pursue what kind of music
② Asking how kind of music he wants to pursue
③ Asked what kind of music he wants to pursue
④ Asked how kind of music he wants to pursue

02

해석
남은 인생 동안 추구하고자 하는 종류의 음악이 뭐냐는 질문에 그는 자세히 대답해 주었다.

해설
분사구문에 이어진 절에서 그가 대답을 했다고 했으므로 분사구문을 이끄는 분사로 '질문을 받은'의 표현으로 과거분사 asked가 와야 한다. 직접목적어에 해당하는 의문사가 이끄는 명사절에서 명사 kind를 수식하려면 의문형용사 what이 적절하므로 정답은 ③이다. 명사절 he wants to pursue what kind of music이 간접의문문의 어순(의문사 세트 + 주어 + 동사 ~)에 따라 what kind of music he wants to pursue로 온 구조이다.

정답 ③

03

밑줄 친 부분 중 어법상 옳지 않은 것은?

Cooking at home is a great way to save money and quit ① increasing your debt with restaurant charges. Cooking at home takes time, but so ② is driving to a restaurant. Busy schedules make it difficult ③ to find the time to cook healthy, tasty, and economical home-cooked meals. The suggestions here can help. You can save time by preparing one or two large meals on the weekend and scheduling leftovers for a meal or two during the week. ④ In addition to bringing sandwiches, think about yogurt, vegetables, soup, and microwave meals.

04

밑줄 친 부분에 들어갈 말로 올바르게 짝지어진 것은?

Extremists in the South _____ that all the lands acquired from Mexico _____ open to slave holders in 1850's.

① urge – throw
② urged – being thrown
③ urge – should throw
④ urged – be thrown

05

밑줄 친 부분에 들어갈 말로 가장 적절한 것은?

A constitution is something that was set up in the past that applies now in the present, and what it says is, _____ white Americans might choose to feel that they want to reinstate the institution of slavery, we can't.

① how much
② however much
③ how many
④ however many

06

밑줄 친 부분 중 어법상 옳지 않은 것은?

If billions of people are having dreams every night, shouldn't ① it be expected that some of them will "come true" just by chance? If millions of people buy lottery tickets, don't we expect ② that someone out of the crowd will pick the winning numbers? If we want to think clearly, we have to accept the fact ③ which coincidences happen all the time. In isolation, many of them can seem eerie and supernatural. ④ Placed into proper context, however, they usually seem inevitable more than anything else.

03

해석

집에서 요리를 하는 것은 돈을 절약하고 식당 요금으로 당신의 빚이 늘어나는 것을 멈추는 좋은 방법이다. 집에서 요리하는 것은 시간이 들지만, 운전해서 식당까지 가는 것 역시 그렇다. 바쁜 일정은 건강하고, 맛있고, 경제적인 가정식을 요리할 시간을 갖는 것을 매우 어렵게 한다. 여기의 제안이 도움이 될 것이다. 주말에 한 끼나 두 끼의 푸짐한 식사를 준비하고 남은 음식들은 주중에 한 끼나 두 끼 식사를 하도록 예정함으로써 시간을 절약할 수 있다. 샌드위치를 가져가는 것뿐만 아니라 요구르트, 야채, 수프, 그리고 전자레인지로 데워먹는 간편식을 생각해보라.

해설

② 앞 문장의 동사 takes를 대신하는 대동사가 되어야 하므로 be동사가 아닌 do로 표현해야 하며, 주어가 driving이므로 단수로 받아 'does'로 바꿔야 한다.
① quit은 동명사를 목적어로 취하는 타동사이므로 올바르다.
③ 5형식 문장에서 가목적어 it, 목적격보어인 difficult에 이어 진목적어로 to부정사가 올바르게 이어졌다.
④ 구전치사 'in addition to'에 이어 목적어로 동명사가 올바르게 이어진 구조이다.

정답 ②

04

해석

1850년대에 남부의 극단주의자들은 멕시코부터 획득한 모든 땅을 노예 소유주들에게 개방하라고 촉구했다.

해설

첫 번째 빈칸에는 과거의 시간 부사구 'in 1850's'로 보아 과거동사인 urged가 적절하다. 두 번째 빈칸에는 주절의 동사가 요구동사인 urge이므로 「should + 동사원형」이 되어야 하는데, throw는 타동사인데 빈칸에 이어 목적어가 없으므로 수동의 구조가 되어야 한다. 따라서 'should be thrown'에서 조동사 should가 생략된 'be thrown'이 되어야 한다. 따라서 정답은 ④이다.

정답 ④

05

해석

헌법은 과거에 만들어져서 지금도 적용되는 것이며, 헌법은 이렇게 말한다. 백인들이 노예 제도를 얼마나 되돌려놓고 싶어 하더라도 우리는 그렇게 할 수 없다.

해설

빈칸부터 '~ slavery'까지 부사절이 되어야 하므로 명사절을 이끄는 의문부사 how로 시작하는 ①과 ③은 정답에서 제외된다. 빈칸에 이어 완전한 절이 이어졌고, 완전한 절이 이어진 것으로 보아 빈칸에는 「however + 부사」가 와야 하므로 구조와 맥락상 however much가 와야 한다. however는 no matter how로도 쓸 수 있다.

정답 ②

06

해석

수십억 명의 사람들이 매일 밤 꿈을 꾸고 있다면, 그것들 중 일부는 우연히라도 '실현될 것'이라고 기대해야 하지 않을까? 수백만 명의 사람들이 복권을 산다면, 우리는 그 인파 중 누군가는 당첨 숫자를 뽑을 것이라고 예상하지 않는가? 명확하게 생각하고 싶다면, 우리는 우연의 일치는 항상 일어난다는 사실을 받아들여야 한다. 따로 놓고 보면, 그중 많은 것들이 괴상하고 초자연적인 것처럼 보일 수 있다. 하지만, 적절한 상황에 놓이면, 그것들은 대개 무엇보다도 필연적인 것처럼 보인다.

해설

③ which에 이어 완전한 절이 이어졌으므로 관계대명사가 아닌 명사 fact를 서술해주는 동격절을 이끄는 접속사 that으로 바꿔야 한다.
① 접속사 that이 이끄는 진주어인 명사절과 호응하는 가주어이므로 it이 올바르게 왔다.
② 타동사 expect의 목적어인 명사절을 이끄는 접속사로 that에 이어 완전한 절이 올바르게 이어졌다.
④ 수동 분사구문으로, 생략된 주어는 이어지는 문장의 주어인 they와 일치하는데, 그것들이 적절한 상황에 '놓이는' 것이므로 과거분사가 올바르게 왔다.

정답 ③

DAY 17 문법

01
밑줄 친 부분 중 어법상 옳지 않은 것은?

This is the mechanism ① by which you ② lower blood pressure, by which you dilate the coronary arteries also, to let the blood ③ supplied ④ to the heart.

02
밑줄 친 부분 중 어법상 옳지 않은 것은?

Design would very likely ① to thrive in hard times. During the 1940s in the economic slump after World War II, designers produced furniture and other products from cheap materials like plastic and plywood. Their products were not just cheap, but also beautiful and durable, ② which was a powerful combination. ③ What designers do really well is to work in the conditions of scarcity, ④ coming up with new ways of looking at what they have.

03
밑줄 친 부분 중 어법상 옳지 않은 것은?

To begin with a psychological reason, the knowledge of another's personal affairs can tempt the possessor of this information to repeat it as gossip because as unrevealed information it remains socially inactive. Only when the information is repeated can its possessor ① turn the fact that he knows something into something socially valuable like social recognition, prestige, and notoriety. As long as he keeps his information to ② himself, he may feel superior ③ to those who do not know it. But knowing and not telling does not give him the feeling of "superiority that, so to say, latently contained in the secret, fully ④ actualizing itself only at the moment of disclosure." This is the main motive for gossiping about well-known figures and superiors.

04
밑줄 친 부분에 들어갈 말로 가장 적절한 것은?

_____ by my school I wasn't clever enough to be a vet, I left school to begin my apprenticeship in sailing.

① Telling
② Having told
③ Having been told
④ After I had told

01

해석
이것이 혈압을 낮추는 메커니즘인데, 관상동맥 또한 넓어져서 혈액이 심장에 공급되도록 한다.

해설
③ to부정사 let에 이어진 목적격보어로 '수동'의 구조와 의미일 때는 과거분사가 아닌 「be+p.p.」가 와야 한다. 따라서 be supplied로 바꿔야 한다.
① 선행사 mechanism을 지칭하는 관계대명사로 by which에 이어 완전한 절이 올바르게 이어졌다.
② 관계대명사절의 동사로 수와 시제, 태의 일치가 자연스럽다.
④ 「전치사+명사」의 구조로 문맥과 구조상 적절하다.

정답 ③

02

해석
디자인은 어려운 시절에 번창할 가능성이 크다. 2차 세계대전 이후 경제 불황이었던 1940년대에 디자이너들은 플라스틱이나 베니어합판과 같은 값싼 재료들로 가구와 그밖의 제품들을 만들었다. 그들의 제품들은 가격이 저렴했을 뿐만 아니라 아름답고 오래 쓸 수 있었는데 그것은 아주 효과적인 조합이었다. 디자이너들이 정말 잘하는 것은 부족한 상황에서 일을 하면서도 자신들이 가진 것을 바라보는 새로운 방법을 생각해 내는 것이다.

해설
① 조동사 would에 이어질 수 있는 준동사로 동사원형이 와야 하므로 to thrive를 'thrive'로 바꿔야 한다.
② 선행사가 명사가 아닌 앞 문장이므로 관계대명사의 계속적 용법으로 표현되어야 하며, 따라서 이를 지칭하는 관계대명사로 which가 올바르게 왔다.
③ 주어인 명사절을 이끄는 연결사 자리로 뒤에 타동사 do의 목적어가 없는 불완전한 절이 이어졌으므로 선행사를 포함한 관계대명사 'what'으로 올바르게 표현되었다.
④ 완전한 절에 이어졌으므로 본동사가 아닌 준동사가 와야 하며, 분사구문을 이끄는 현재분사 'coming'이 올바르게 왔다.

정답 ①

03

해석
심리적인 이유부터 시작하자면, 다른 사람의 개인적인 일에 대해 아는 것은 이 정보를 가진 사람이 그것을 뒷공론으로 반복하도록 부추길 수 있는데, 왜냐하면 숨겨진 정보로서는 그것이 사회적으로 비활동적인 상태로 남기 때문이다. 그 정보를 소유한 사람은 그 정보가 반복될 때만 자신이 무언가를 알고 있다는 사실을 사회적 인지, 명성 그리고 악명과 같은 사회적으로 가치 있는 어떤 것으로 바꿀 수 있다. 자신의 정보를 남에게 말하지 않는 동안은, 그는 그것을 알지 못하는 사람들보다 자신이 우월하다고 느낄 수도 있다. 그러나 알면서 말하지 않는 것은 '말하자면 그 비밀 속에 보이지 않게 들어 있다가 폭로의 순간에만 완전히 실현되는 우월감'이라는 그 기분을 그에게 주지 못한다. 이것이 잘 알려진 인물과 우월한 사람에 대해 뒷공론을 하는 주요 동기이다.

해설
④ 주절의 직접목적어인 'the feeling of superiority'를 한정하는 관계대명사 that에 이어진 구조로, 중간에 so to say와 latently contained in the secret과 같은 삽입구를 제외하면, 관계대명사에 이어지는 동사가 없음을 알 수 있다. 따라서 actualizing은 준동사가 아닌 본동사가 되어야 하며, 선행사의 수를 고려해 'actualizes'로 바꿔야 한다.
① only가 부사절을 한정하면서 문장의 앞으로 강조되어 나왔으므로 이어지는 문장은 의문문의 어순으로 도치가 이루어진다. 조동사 can이 있으므로 주어에 이어 동사원형 turn이 올바르게 이어졌다.
② 주어와 지칭하는 대상이 동일하므로 전치사의 목적어로 재귀대명사가 올바르게 이어졌다.
③ 라틴계 비교 형용사인 superior와 호응하는 '~보다'의 표현으로 전치사 to가 적절하게 왔다.

정답 ④

04

해석
나는 학교로부터 수의사가 되기에는 부족하다는 연락을 받은 후에, 학교를 떠나 항해 견습생이 되었다.

해설
빈칸에는 이어지는 행위자인 by my school로 보아 구조와 문맥상 수동구조가 들어가야 한다. ①, ②, ④는 모두 능동구조이므로 적절하지 않다. 부사절인 'After I had been told~'에서 접속사와 주어를 생략하고, 대과거를 대신한 완료수동 분사구문인 Having been told가 가장 적절하다.

정답 ③

05

밑줄 친 부분에 들어갈 말로 가장 적절한 것은?

> At the end of your life when you are on your deathbed, you will not ask the nurse to wheel in your new car, _____ the nurse to bring the money that rests in your bank account. Instead, you will ask those you love to be near you and reflect on the memories you have shared together.

① not you will get
② not will you require
③ nor will you make
④ nor will you ask

06

밑줄 친 부분 중 어법상 옳지 <u>않은</u> 것은?

> One of the unchangeable and mysterious ① <u>laws of mathematics</u> is ② <u>that</u> whenever you multiply a positive number by a negative number you will always get a negative number. I remember my 7th grade teacher, Mr. Kramer, ③ <u>to put</u> that into our heads. It always seemed to me, from my poor logical perspective, ④ <u>that</u> the larger number ought to be the determining factor in any equation.

05

해석

당신 삶의 마지막에 임종의 자리에 있을 때, 당신은 간호사에게 당신의 새 차를 운전해서 가져오라고도, 당신의 은행 계좌에 들어 있는 돈을 가져오라고도 요청하지 않을 것이다. 대신에 당신은 당신이 사랑하는 사람들에게 가까이에 있어달라고 요청하고 공유하는 추억들을 되돌아볼 것이다.

해설

빈칸에는 앞 문장에 이어 절이 이어졌으므로 접속사가 아닌 not으로 시작하는 ①과 ②는 정답에서 제외된다. nor에 이어 의문문의 어순으로 도치가 이루어진 것은 ③과 ④ 모두 해당되나, 빈칸에 이어진 목적어에 이어 to부정사(to bring ~)가 목적격보어로 왔으므로 이와 호응하는 동사 ask를 쓴 ④가 정답이다. 사역동사 make는 원형부정사가 목적격보어로 와야 하므로 올바르지 않다.

정답 ④

06

해석

변할 수 없는 신비로운 수학 법칙 중 하나는 양수와 음수를 곱할 때마다 항상 음수를 얻을 거라는 것이다. 나는 7학년 선생님이셨던 Kramer 선생님이 그것을 우리들의 머릿속에 집어넣으셨던 것을 기억하고 있다. 나의 부족한 논리적 관점에서 볼 때, 언제나 더 큰 수가 어떤 방정식에서든 결정적인 인수가 되어야 할 것 같았다.

해설

③ 타동사 remember의 목적어로 to부정사가 오면 '~할 것을 기억하다'의 의미이다. 문맥상 '~했던 것을 기억하다'의 의미가 되어야 하므로 목적어로 상대적 과거 시점을 나타내는 동명사 putting으로 바꿔야 한다. 'my 7th grade teacher, Mr. Kramer'는 동명사의 의미상의 주어로서 목적격의 형태로 왔다.
① 「one of 복수명사」의 구조가 되어야 하므로 복수명사 laws로 올바르게 표현되었다.
② 문장 전체의 보어인 명사절을 이끄는 접속사 that에 이어 종속절에 삽입된 부사절을 이끄는 접속사로 whenever가 이끄는 절이 삽입된 올바른 구조이다.
④ 중간의 삽입구를 제외하면 It always seemed to me에 이어진 구조가 된다. 따라서 가주어 it과 호응하는 진주어를 이끌 수 있는 연결사가 와야 하고, 접속사 that에 이어 완전한 절이 이어졌으므로 올바른 구조이다.

정답 ③

DAY 18 문법

01

밑줄 친 부분 중 어법상 옳지 않은 것은?

① Of the two Hemingway novels I have read, I like *For Whom the Bell Tolls* ② the best, not only ③ because of its structure, but also because of ④ its fascinating story.

01

해석

내가 읽었던 헤밍웨이의 두 권의 소설 중 나는 구조뿐만 아니라 매력적인 이야기 때문에 〈누구를 위하여 종은 울리나〉를 더 좋아한다.

해설

② 두 개의 대상에 대해서는 최상급의 표현을 쓰지 않는다. 특히 'of the two'로 한정이 되었으므로 비교급인 the better로 바꿔야 한다.
① '~ 중의'의 의미로 전치사 of에 이어 명사 novels가 목적어로 적절하게 이어졌다.
③ '이유'를 나타내는 구전치사 because of 뒤에 목적어로 명사가 적절하게 이어졌다. 「not only A but also B」에서 A와 B가 이유의 부사구로 병치된 구조이다.
④ 문맥상 소설 'For Whom the Bell Tolls'를 지칭하므로 단수로 적절하게 받았으며 명사 story를 수식한다.

정답 ②

02

밑줄 친 부분에 들어갈 말로 가장 적절한 것은?

A study found that those who exercised in front of a mirror felt less calm and more fatigued after 30 minutes of working out _____ without staring at their reflection.

① as these who exercise
② as those whom exercises
③ than that exercising
④ than those who exercised

02

해석

한 연구에 의하면, 거울 앞에서 30분 동안 운동한 사람들은 거울에 비친 자신의 모습을 보지 않고 운동한 사람들보다 덜 차분해지고 더 피곤함을 느꼈다고 한다.

해설

빈칸에는 비교급 less calm and more fatigued와 호응할 수 있는 접속사가 와야 하므로 than으로 시작하는 ③ 혹은 ④가 정답이 되어야 한다. than에 이어지는 비교 대상은 'those who exercised in front of ~'와 병렬되어야 하므로 정답은 ④이다.

정답 ④

03
밑줄 친 부분 중 어법상 옳지 <u>않은</u> 것은?

There is an ocean of people who are now feeling so ① <u>depressed</u> that they have become resigned to the fact ② <u>that</u> they are in deep trouble. No wonder almost every single stock in the world has gone down significantly, mostly by half. What we all need to do is to sit down and calm down and go back to basics, and most important of all, ③ <u>shed</u> our sense of pessimism. It is only with a sense of optimism, preferably accompanied by a sense of energy and laughter, ④ <u>which</u> we will be able to pick ourselves up from the depression.

04
밑줄 친 부분에 들어갈 말로 가장 적절한 것은?

In the wake of the serious flood, two-thirds of the buildings in the district _____.

① needs repairing
② needs to be repaired
③ need repairing
④ need to repair

05
밑줄 친 부분에 들어갈 말로 가장 적절한 것은?

Korea's exports to Singapore mostly _____ semiconductors, mobile communication gear, computers, petrochemical goods, ships and related parts, making up about 70 percent of the total.

① consist of
② is consisted of
③ consists of
④ are consisting of

06
밑줄 친 부분 중 어법상 옳지 <u>않은</u> 것은?

Most children shift ① <u>adaptively</u> between two general strategies for managing emotion. In problem-centered coping, they appraise the situation ② <u>as changeable</u>, identify the difficulty, and decide ③ <u>what to do</u> about it. If this does not work, they engage in ④ <u>emotional-centered</u> coping, which is internal and private.

03

해석
너무 낙담한 나머지 그들이 곤경에 빠져 있다는 사실에 체념하는 많은 사람들이 있다. 그도 그럴 것이 세계의 거의 모든 주식이 급락했고, 대부분은 반으로 떨어졌다. 우리가 해야 할 일은 앉아서 진정하고 기본으로 돌아가는 것인데, 가장 중요한 것은 비관주의를 벗어버리는 것이다. 보다 바람직하게는 에너지와 웃음이 동반하는 낙관주의를 가지고서만, 우리는 낙담으로부터 우리 스스로를 회복시킬 수 있다.

해설
④ which에 이어 불완전한 절이 이어져야 하지만 완전한 절이 이어졌다. 문장의 시작이 'It is ~'인 것으로 보아 'It ~ that 강조구문'에서 부사구 'only with a sense of optimism'이 강조된 문장이므로 which를 'that'으로 바꿔야 한다.
① depressed의 주체는 an ocean of people로, 사람들은 '우울해지는' 것이므로 수동의 의미를 지닌 과거분사로 올바르게 표현했다.
② the fact를 서술하는 동격절을 이끄는 연결사로 접속사 'that'이 올바르게 왔다.
③ 문장 전체의 보어인 to부정사의 병렬구조로 to가 생략된 동사원형의 형태로 올바르게 왔다.

정답 ④

04

해석
심각한 홍수의 결과로, 그 구역에 있는 건물들의 2/3가 수리될 필요가 있다.

해설
문장의 주어는 복수명사(the buildings)이므로 ③번과 ④번으로 정답이 좁혀진다. 문맥상 건물들이 수리되는 것이므로 수동의 의미가 되어야 한다. 요구동사(need, want, require 등) 다음에 동명사가 오면 수동의 의미를 갖게 되므로 정답은 ③이다.

정답 ③

05

해석
싱가포르에 대한 우리나라의 주요 수출 품목은 반도체, 이동통신 장비, 컴퓨터, 석유화학 제품, 선박 및 관련 부품 등으로, 전체 수출의 약 70%를 차지하고 있다.

해설
빈칸에는 동사가 들어가야 하는데, consist of는 자동사구로 수동태 전환과 진행시제로 쓸 수 없는 동사이다. 따라서 ②와 ④는 정답에서 제외된다. 주어는 exports이므로 복수로 수일치시킨 ①이 정답이다.

정답 ①

06

해석
대부분의 어린이들은 감정을 다루기 위한 두 가지 일반적인 전략들 사이에서 적응력 있게 바꾼다. 문제 중심적 대응인 경우, 그들은 상황을 바꿀 수 있는 것으로 평가하고, 어려움을 확인하고, 그리고 그것에 대해 무엇을 할 것인지 결정한다. 만약 이것이 효과가 없으면, 그들은 감정 중심적 대응에 관여하는데, 그것은 내면적이고 개인적이다.

해설
④ 명사 coping을 수식하는 유사분사로 '명사-유사분사' 형태가 되어야 한다. 따라서 emotion-centered로 바꿔야 하며, '감정 중심적인'의 의미가 된다.
① 동사 shift를 수식하기 위해 부사 adaptively가 적절하게 쓰였다.
② 동사 appraise와 호응하여 'appraise A as B(A를 B로 평가하다)'의 표현으로 왔다. 'as B' 목적격보어에서 B는 명사 혹은 형용사가 와야 하므로 형용사 changeable로 올바르게 표현되었다.
③ 타동사 decide의 목적어로 명사구인 「의문사 to + 동사원형」이 적절하게 왔다.

정답 ④

DAY 19 문법

01
밑줄 친 부분 중 어법상 옳지 않은 것은?

The sailors finally came ① to know that the lake was ② the deepest at the spot ③ where they were ④ trying to anchor the ship.

02
밑줄 친 부분에 들어갈 말로 가장 적절한 것은?

No matter how the fate of the project develops, taxpayers will suffer most because the enormous amount of money spent on the project by the government _____.

① to waste
② have wasted
③ had been wasted
④ will have been wasted

03
밑줄 친 부분 중 어법상 옳지 않은 것은?

If one defines an interview ① as a conversation, then a schedule-standardized interview is a very rigid form of conversation, almost ② like a play with a fixed script. In its most structured form, a structured interview may involve reading of a prepared questionnaire to respondents and then ③ to fill in an answer form or response sheet on the basis of their answers. The questions ④ are provided in a systematic order, with minimal or no deviation from the prepared script.

04
밑줄 친 부분에 들어갈 말로 가장 적절한 것은?

The author is Jane Webb who, _____ penniless by the death of her father at 17, turned to writing as a profession.

① leaving
② having left
③ to have left
④ having been left

01

해석

선원들은 자신들이 정박하려는 그 지점이 그 호수에서 가장 깊은 곳이라는 것을 마침내 알게 되었다.

해설

② 형용사의 최상급이지만 동일 대상(the lake)의 성질에 대해 최상급을 쓸 때는 정관사와 함께 쓰지 않으므로 deepest로 바꿔야 한다.

① 'come to 동사원형'은 'come and 동사원형'으로 바꿔 쓸 수 있으며 '~하게 되다'의 의미이다.

③ 관계부사로 뒤에 완전한 절이 올바르게 이어졌으며 선행사인 the spot을 수식한다.

④ 「try to + 동사원형」은 '~하고자 노력하다'의 의미로 문맥상 적절하다. be동사와 함께 과거진행의 표현으로 쓰였다.

정답 ②

02

해석

이 사업의 운명이 어떻게 되던지 간에, 여태 이 사업에 정부가 쏟아 부은 엄청난 돈이 낭비가 될 것이기 때문에, 결국 세금을 낸 국민들이 최대의 피해자가 될 것이다.

해설

빈칸은 접속사 because가 이끄는 절의 동사가 되어야 한다. 따라서 준동사인 ①은 정답에서 제외된다. waste는 타동사인데 빈칸에 이어 목적어가 없으므로 수동태가 되어야 하고, 주절의 시제는 미래(will suffer)로, 시제일치와 맥락상 미래완료수동태인 ④가 정답이다.

정답 ④

03

해석

만일 인터뷰를 대화로 정의한다면, 일정이 표준화된 인터뷰는 거의 정해진 대본이 있는 연극처럼 매우 융통성 없는 형태의 대화이다. 가장 구조화된 형태에서, 구조화된 인터뷰는 준비된 설문지를 응답자에게 읽어주고 나서 응답자의 답변을 근거로 하여 답변 양식이나 응답지를 작성하는 것을 포함할 수 있다. 질문들은 체계적인 순서로 제시되는데, 준비된 대본에서 거의 벗어나지 않거나 전혀 벗어나지 않는다.

해설

③ 앞에 and가 있으므로 병렬구조로 연결되어야 한다. 동사 may involve에서 타동사 involve의 첫 번째 목적어로 동명사인 reading과 병렬되어야 하므로 동명사인 'filling'으로 바꿔야 한다.

① 불완전타동사 define과 호응하는 목적격보어로 「as + 명사」의 구조로 올바르게 왔다.

② 앞 문장의 보어인 명사 a very rigid form of conversation에 대한 사례를 든 표현으로, like는 전치사로서 목적어인 명사 a play가 적절하게 이어졌다.

④ provide는 타동사이므로 빈칸에 이어 목적어가 없으므로 구조와 문맥상 수동태로 올바르게 표현되었다.

정답 ③

04

해석

저자는 Jane Webb으로, 17세에 아버지의 죽음으로 무일푼으로 남겨진 채 직업으로 글을 쓰는 쪽으로 눈을 돌렸다.

해설

관계대명사절에 삽입된 분사구문으로, leave는 타동사이므로 능동구조인 ①, ②, ③의 뒤에는 목적어가 이어져야 한다. 빈칸에 이어 형용사인 penniless가 이어졌으므로 불완전타동사 leave의 목적격보어가 수동구조에 이어 남겨진 것으로 볼 수 있다. 따라서 수동구조인 having been left가 가장 적절하다.

정답 ④

05

밑줄 친 부분 중 어법상 옳지 않은 것은?

We do not hear with our eyes, but sometimes it almost seems as if we do. An environment-agency official tells a surprising incident about some people ① who lived in an apartment building close to a busy state highway. The families were made ② miserably by the noise, and they complained to the city government. City officials went to the state capital again and again to ask that something ③ be done about quieting the highway noise. They were put off repeatedly. At last the city officials had an idea. They planted a single row of trees in front of the apartment house. The trees made hardly any difference in the amount of noise, but they ④ did block the view of the highway. After that, there were very few complaints from the people in the building.

05

해석

눈으로 소리를 듣는 것은 아니지만, 가끔은 마치 거의 그러는 것처럼 보인다. 어느 환경청 공무원이 번잡한 주(州) 고속도로 근처의 아파트에 살았던 사람들에 관한 놀라운 사건을 이야기해 준다. 그 가족들은 소음 때문에 괴로워서 시 정부에 항의를 했다. 시 공무원들은 고속도로의 소음을 줄이는 일에 관해 어떤 조치를 취해 줄 것을 요구하기 위하여 여러 차례 주 의회에 갔다. 그들은 계속 퇴짜를 맞았다. 마침내 시 공무원들은 좋은 수를 생각해냈다. 그들은 아파트 앞에 한 줄로 나무를 심었다. 그 나무들이 소음의 양에는 거의 영향을 주지는 못했지만, 고속도로의 모습이 보이지 않게 했다. 그 이후로, 건물에 사는 사람들에게서 불평이 거의 나오지 않았다.

해설

② 5형식 문장의 수동태로 동사에 이어진 miserably는 주어인 the families를 서술해야 한다. 능동태 문장의 목적보어이므로 부사가 아닌 형용사 'miserable'로 바꿔야 한다.
① 선행사인 some people를 지칭하는 주격 관계대명사로 뒤에 동사로 시작되는 불완전한 절이 올바르게 이어졌다.
③ 준동사에 걸린 동사가 ask로 '요구' 동사이므로 종속절의 동사는 「should+동사원형」이 와야 한다. should가 생략된 구조로, 문맥상 something은 '행해지는' 것이므로 수동구조로 올바르게 왔다.
④ 동사 block을 강조하기 위해 쓰인 조동사로 앞 문장의 동사 made와 호응해 시제일치가 올바르게 이루어졌다.

정답 ②

06

밑줄 친 부분에 들어갈 말로 올바르게 짝지어진 것은?

Each such unit, _____ as an integrated economic and social unit with a large population nucleus, was _____ a Standard Metropolitan Statistical Area (SMSA).

① to conceive – naming
② conceived – named
③ conceiving – naming
④ which conceives – named

06

해석

거대 인구를 지닌 경제적, 사회적으로 하나의 통합된 단위라고 간주될 수 있는 각각의 그런 단위는 표준도시 통계 지역(SMSA)이라고 불리게 되었다.

해설

첫 번째 빈칸부터 nucleus까지는 절 사이에 들어간 삽입구나 삽입절이 되어야 한다. conceive는 타동사이므로 빈칸 뒤에 목적어 없이 「as + 명사」가 이어진 것으로 보아 수동구조가 되어야 함을 알 수 있다. ①, ③, ④ 모두 능동태 구조이므로 정답에서 제외된다. 따라서 수동의 과거분사 'conceived'가 적절하다. 두 번째 빈칸에는 주어인 unit이 SMSA라고 '명명된' 것이므로 was와 함께 수동태가 되어야 한다. 따라서 과거분사 named가 적절하다.

정답 ②

DAY 20 문법

01

밑줄 친 부분 중 어법상 옳지 않은 것은?

"Today we're here asking for jobs, ① better healthcare, voter rights, and better education. ② Those were the ③ much same things we were asking ④ for 50 years ago," he added.

01

해석

"오늘 우리는 직장, 더 나은 의료보험, 투표권, 그리고 더 나은 교육을 요구하며 이 자리에 있습니다. 그러한 것들은 우리가 50년 전에 요구했던 것과 똑같습니다."라고 그는 덧붙였다.

해설

③ '매우'의 의미로 쓰는 부사 much는 서술적 형용사(alike, asleep, afraid 등)와 과거분사를 수식한다. same을 수식하기 위해서는 very로 바꿔야 한다.

① 형용사 good의 비교급으로 명사 healthcare를 수식한다.

② 앞 문장의 명사들(jobs ~ better educations)을 받고 있으므로 복수형으로 올바르게 표현했다.

④ 과거의 부사구로 문장의 과거동사와 올바르게 시제일치가 이루어졌다.

정답 ③

02

밑줄 친 부분에 들어갈 말로 가장 적절한 것은?

Twain is most noted for his novels *Adventures of Huckleberry Finn*, _____ the Great American Novel, and *The Adventures of Tom Sawyer*.

① have called
② was called
③ which has been called
④ which have called

02

해석

트웨인은 미국의 위대한 소설로 불리는 그의 소설 '허클베리 핀의 모험', 그리고 '톰 소여의 모험'으로 가장 유명하다.

해설

빈칸에는 선택지에 공통으로 동사가 들어가 있으므로 주절과 연결할 수 있는 연결사가 필요하다. 따라서 동사만 있는 ①과 ②는 정답에서 제외된다. 선행사는 Adventures of Huckleberry Finn이라는 소설이므로 주격 관계대명사에 이어지는 동사의 수는 단수가 되어야 하고, 구조와 맥락상 미국의 위대한 소설로 '불리는' 것이므로 수동태 동사가 와야 한다. 따라서 정답은 ③이다.

정답 ③

03
밑줄 친 부분 중 어법상 옳지 않은 것은?

> It is essential that the temperature ① is not elevated to a point ② where the substance formed may become ③ unstable and decomposed into ④ its constituent elements.

04
밑줄 친 부분에 들어갈 말로 올바르게 짝지어진 것은?

> Cathédrale Notre-Dame de Chartres is also home to the Sancta Camisia, the tunic _____ to _____ by the Virgin Mary.

① believe – have worn
② believed – have been worn
③ was believed – have worn
④ which was being believed – have been worn

05
밑줄 친 부분 중 어법상 옳지 않은 것은?

> For any supposed racial trait, such as skin color, there are wide variations within human groups. Many invisible biological characteristics, such as blood type and DNA patterns, ① cut across skin color distributions and other so-called racial attributes and are shared across ② what are commonly viewed as different races. In fact, over the last several thousand years there ③ has been such massive gene flow among human populations ④ which no modern group presents a distinct set of biological characteristics. Although we may look quite different, from the biological point of view, we are all closely related.

06
밑줄 친 부분에 들어갈 말로 가장 적절한 것은?

> A month is _____ anything for granted, especially in the extremely volatile electoral politics of Korea, where even the presidency is decided by a razor-thin margin.

① such long a time to take
② so long a time to be taken
③ too long a time to take
④ rather a long time being taken

03

해석

물질이 형성된 온도까지 기온이 올라가지 않으면 물질의 구성요소가 불안정해지고 분해될 수 있다는 것은 기본적인 성질이다.

해설

① 가주어와 진주어 「It is ~ that …」 구조로, 이성적 혹은 감정적 판단의 형용사가 문장 전체의 보어로 오면 종속절의 동사는 「should + 동사원형」이 되어야 한다. 따라서 should not be elevated가 되어야 하며, 이때 조동사 should는 생략이 가능하다.
② 선행사 a point를 수식하는 형용사절을 이끄는 관계부사로 뒤에 완전한 절이 올바르게 이어졌다.
③ 불완전자동사 become의 보어로 형용사가 온 올바른 구조이다.
④ 명사 substance를 지칭하는 소유격 대명사로 단수형으로 올바르게 표현되었다.

정답 ①

04

해석

샤르트르 대성당은 성모 마리아가 입었다고 여겨지는 튜닉인 '거룩한 베일'이 보관되어 있다.

해설

첫 번째 빈칸에는 앞 문장의 명사 'the Santa Camisia'의 동격인 the tunic(가운 같은 웃옷)을 수식할 수 있어야 하는데, 튜닉은 '~인 것으로 믿어지는' 것이므로 수동의 구조인 ② 혹은 ③으로 정답이 좁혀진다. ④는 수동 구조이나 believe는 진행시제로 쓸 수 없으므로 정답에서 제외된다. ③은 본동사이므로 정답이 되기 위해서는 관계대명사와 같은 연결사가 필요하므로 정답에서 역시 제외된다. 두 번째 빈칸에는 성모마리아에 의해 '착용되었던' 것이므로 상대적으로 앞선 시점의 표현으로 완료부정사(to have p.p.)가 적절하게 왔으며, 문맥상 수동부정사로 올바르게 표현된 ②가 정답이다.

정답 ②

05

해석

피부색처럼 이른바 인종적 특성이라 여겨지는 것의 어떤 것에 관해서도, 인간 집단 내에서 광범위한 차이가 있다. 혈액형과 DNA 패턴처럼 많은 눈에 보이지 않는 생물학적 특징 역시 피부색 분포와 그 밖의 다른 소위 '인종적 속성'에 관계없이 영향을 미치며, 보통 다른 인종으로 간주되는 것들 전반에 걸쳐 공유된다. 사실, 지난 몇 천 년 동안에 인류 간에 매우 엄청난 유전자 확산이 있어서 현대의 어떤 집단도 뚜렷이 구별되는 일련의 생물학적 특징을 보여 주지 않는다. 우리가 꽤나 다르게 보일지는 몰라도, 생물학적 관점에서 보면 우리는 모두 밀접하게 연관되어 있다.

해설

④ 주절의 such와 호응하는 결과의 부사절을 이끄는 접속사가 되어야 하며 '매우 ~해서 …하다'의 표현이다. 따라서 문맥상 또한 뒤에 완전한 절이 이어졌으므로 접속사 that으로 바꿔야 한다. which 뒤에는 언제나 불완전한 절이 이어진다.
① 주어는 Many invisible biological characteristics이므로 복수로 수일치가 올바르게 이루어졌다.
② 전치사 across의 목적어로 관계대명사 what이 이끄는 명사절이 왔다. what에 이어 주어가 없는 불완전한 절이 올바르게 이어졌고, 5형식 문장 「view A as B」의 수동태 구조이다.
③ 유도부사 there가 이끄는 1형식 문장의 동사로 주어는 gene flow이므로 단수로 수일치가 이루어졌다. over the last several thousands years로 보아 과거-현재에 이르는 시점의 표현으로 현재완료시제로 올바르게 표현했다.

정답 ④

06

해석

1개월이라는 시간은 그 어느 것도 당연히 여기기 힘들만큼 긴 시간이며, 특히 대통령직조차도 간발의 차이로 결정되는 한국의 극도로 변화무쌍한 선거 정치에서는 더욱 그렇다.

해설

먼저, 명사를 수식하는 어순이 「so(as, too) 형용사 a(n) 명사」 혹은 「such(quite, rather) a(n) 형용사 명사」의 구조가 되어야 하고, to부정사에 이어 목적어인 명사 anything이 이어진 것으로 보아 능동 부정사가 와야 한다. 따라서 정답은 ③이다.

정답 ③

DAY 21 문법

01

밑줄 친 부분 중 어법상 옳지 않은 것은?

So far, ① no official confirmation ② has been released in either China ③ or North Korea and the state-controlled media in both countries ④ have not been reported a single word on the visit.

02

밑줄 친 부분에 들어갈 말로 가장 적절한 것은?

The foundation oversees the World Ceramics Biennale Korea, the world's largest expo _____ earthenware as well as artist residency programs and educational seminars.

① devote to
② devoting to
③ devoted to
④ which were devoted

03

밑줄 친 부분에 들어갈 말로 올바르게 짝지어진 것은?

So far, Obama has written two books, the latest _____ "The Audacity of Hope," _____ went straight to number one on the New York Times nonfiction best-seller list.

① is – which
② being – which
③ is – that
④ being – that

04

밑줄 친 부분에 들어갈 말로 올바르게 짝지어진 것은?

Korea is on the brink _____ its national competitiveness _____ the government is still sticking to the outdated concept of "standardization" of education.

① of losing – as
② to lose – since
③ of losing – despite
④ to lose – for

01

해석
지금까지 중국이나 북한 어느 쪽도 공식적인 확인을 하지 않고 있으며, 양국의 국영 언론도 이번 방문에 대해 단 한마디도 보도하지 않고 있다.

해설
④ 현재완료수동태 동사에 이어 목적어인 a single word가 이어졌으므로 능동태로 전환해야 함을 알 수 있다. 따라서 have not reported로 바꿔야 한다.
① 한정사인 no가 명사 confirmation을 수식하는 올바른 구조이다.
② 타동사 release의 현재완료수동태로, 뒤에 명사가 없다는 점과 문맥상 확인(confirmation)은 발표되는 것이므로 수동태로 올바르게 표현되었다.
③ either와 호응하는 등위접속사로 올바르게 왔으며, 'A 혹은 B 어느 한쪽'의 의미이다.

정답 ④

02

해석
재단은 토기뿐만 아니라 예술가 체류 프로그램 및 교육 세미나에 전념하는 세계 최대의 박람회 중 하나인 세계 도자기 비엔날레 코리아를 감독한다.

해설
빈칸은 앞에 있는 명사 expo를 수식할 수 있어야 하는데, devote가 타동사인 점을 감안하면, 능동 구조인 ①과 ②는 to 앞에 목적어에 해당하는 명사가 와야 하는데 없으므로 정답에서 제외된다. 따라서 수동의 과거분사인 ③과 관계대명사에 이어 수동태 동사로 표현된 ④가 적절한데, 이때 빈칸에 이어지는 명사 earthenware를 연결할 수 있는 전치사 to가 꼭 있어야 하므로 정답은 ③이다.

정답 ③

03

해석
지금껏, 오바마는 두 권의 책을 썼는데, 가장 최근에 쓴 '담대한 희망'은 단숨에 뉴욕 타임즈 논픽션 베스트셀러 목록 1위에 올랐다.

해설
첫 번째 빈칸에는 완전한 절에 이어 접속사 없이 이어진 구조로, 본동사가 아닌 준동사가 와야 한다. 주어가 다르므로 the latest를 남겨주고 현재분사 being을 써서 독립분사구문으로 표현한다. 두 번째 빈칸에는 선행사 The Audacity of Hope를 지칭하면서 콤마(,)가 있으므로 계속적 용법으로 쓸 수 있는 관계대명사 'which'가 와야 한다. 따라서 정답은 ②이다.

정답 ②

04

해석
한국은 국가 경쟁력을 잃어버릴 지경에 놓여 있는데, 정부가 아직도 구시대적인 '평준화' 교육 개념을 고집하고 있기 때문이다.

해설
첫 번째 빈칸에는 '막 ~하려고 하다'의 표현으로 「be on the brink[verge, point, edge, border] of R-ing」가 되어야 하므로 'of losing'이 적절하고, 두 번째 빈칸에는 뒤에 완전한 절이 이어졌고, 문맥상 '이유'가 되어야 하므로 ①과 ③중 접속사 'as'가 와야 한다. 따라서 정답은 ①이다.

정답 ①

05

밑줄 친 부분 중 어법상 옳지 않은 것은?

> The piano could ① hardly have become so popular, ② had the music written for it ③ not occupying a position ④ at the top of European culture.

05

해석

만약 피아노를 위해 작곡된 음악이 유럽 문화의 절정에서 지위를 차지하지 않았다면, 피아노는 거의 그토록 인기가 있을 수 없었을 것이다.

해설

③ 「if 주어 had + p.p.」의 형태인 가정법 과거완료의 조건절에서 if가 생략되면서 주어와 조동사 had가 도치된 구조로 과거분사가 와야 한다. 따라서 not occupied로 바꿔야 한다.
① 준부정부사로 '거의 ~하지 않게'의 의미이며 문맥상 자연스럽다.
② 가정법 과거완료의 조건절에서 if가 생략되면서 주어와 had가 도치된 구조이다.
④ 전치사로 뒤에 명사 the top이 목적어로 이어진 올바른 구조이다.

정답 ③

06

밑줄 친 부분에 들어갈 말로 가장 적절한 것은?

> The flawed launch of Koreasat was initially attributed to the 'low performance' of the Delta II rocket, one of _____ nine boosters did not break away from the rocket as designed.

① those
② which
③ their
④ whose

06

해석

무궁화 위성(Koreasat) 발사 실패의 일차적인 원인은 델타 II 로켓의 '성능 불량'으로, 9개의 보조 추진 장치 중 하나가 로켓에서 설계했던 대로 분리되지 않았기 때문이다.

해설

빈칸은 앞 문장과 뒤에 이어진 문장을 연결할 수 있어야 하므로 대명사인 those와 their는 정답에서 제외된다. 관계대명사는 선행사인 로켓(Delta II rocket)을 지칭하는데, 빈칸에 이어진 명사 nine boosters를 수식할 수 있어야 하므로 목적격인 which는 적절하지 않다. 따라서 소유격 관계대명사 whose가 정답이다. 첫 문장에 이어 'and one of its nine boosters did not break away ~'에서 and와 소유격 its가 하나로 결합된 표현이다.

정답 ④

DAY 22 문법

01

밑줄 친 부분 중 어법상 옳지 <u>않은</u> 것은?

> Criminal contempt, ① <u>is committed</u> in the presence of the court, may ② <u>consist of</u> ③ <u>disorderly</u> behavior, disrespect, or ④ <u>disobedience</u> of a judge's orders.

01

해석

법정에서 저질러지는 법정 모욕죄는 무질서한 행동, 판사의 명령에 대한 무시나 불복종으로 구성될 수 있다.

해설

① 문장 전체의 동사는 may consist of이므로 본동사가 아닌 준동사로 바꿔야 한다. commit은 타동사로 밑줄에 이어 명사가 이어지지 않은 것과 문맥상 criminal contempt(법정 모욕죄)는 저질러지는 것이므로 수동의 의미를 지닌 과거분사 committed로 바꿔야 한다.
② 조동사 뒤에 동사원형으로 온 자동사구로 '~로 구성되다'의 의미이다. 수동태로 쓰지 않는 점에 유의한다.
③ disorderly는 형용사로 이어지는 명사 behavior를 수식한다.
④ 등위접속사 or로 명사가 병치되어 있으므로 올바른 구조이다.

정답 ①

02

밑줄 친 부분에 들어갈 말로 가장 적절한 것은?

> The researchers asked the participants _____.

① how they drank many cups of coffee
② how many cups of coffee they drank
③ they drank how many cups of coffee
④ how many they drank cups of coffee

02

해석

연구원들은 참가자들에게 그들이 얼마나 많은 커피를 마셨는지 물어 보았다

해설

빈칸에는 문장 전체의 직접목적어인 명사절이 들어가야 하므로 어순은 「의문사(덩어리) + 주어 + 동사 ~」가 되어야 한다. 주어는 they, 동사는 drank이며 목적어는 how many cups of coffee이므로 'how many cups of coffee they drank'가 되어야 한다. 따라서 정답은 ②이다.

정답 ②

03

밑줄 친 부분 중 어법상 옳지 않은 것은?

> Most city dwellers are exposed to noise at levels with the potential to degrade hearing ability over time. Loud noise is the leading cause of hearing loss: exposure to excessive noise has made millions of Americans a little ① deaf. Loud noise can do more than just degrade hearing ability. In a study conducted at a public school ② was located next to subway tracks, researchers found that the noise level inside the classrooms ③ facing the subway tracks reached 89 decibels, a level ④ at which the doctors recommend ear protection for prolonged exposure.

04

밑줄 친 부분에 들어갈 말로 가장 적절한 것은?

> Our language hasn't caught up with the changes in our society, _____ have been brought about by technology.

① many of which
② many
③ many which
④ many of them

05

밑줄 친 부분에 들어갈 말로 올바르게 짝지어진 것은?

> _____ made the first mistake or made a bigger one, it's time for both Koreas to meet halfway, _____ they won't be able to discuss reconciliation and cooperation again for a very long time.

① Whether – or
② Whoever – or
③ Whether – that
④ Whoever – that

06

밑줄 친 부분에 들어갈 말로 올바르게 짝지어진 것은?

> Men _____ ambition is the leading passion are likely to love women who assist them in their career, and it would be very shallow psychology to suppose _____ the love is not real because it has its instinctive root in self-interest.

① whose – that
② whom – whether
③ whose – which
④ whoever – when

03

해석

대부분의 도시 거주자들은 시간이 지나면서 청력을 저하시킬 수준의 소음에 노출되어 있다. 시끄러운 소음은 청력 상실의 주요 원인이어서, 과도한 소음에 대한 노출은 수백만 명의 미국인들의 청력을 조금씩 저하시켰다. 시끄러운 소음은 단지 청력을 저하시키는 것 이상이 될 수도 있다. 지하철 선로 가까이에 위치한 공립학교에서 이루어진 한 연구에서, 연구원들은 지하철 선로를 마주하고 있는 교실 안의 소음 수준이 장기간 노출되는 경우에는 청력 보호를 권장하는 수준인 89 데시벨에 이르렀다는 것을 알아냈다.

해설

② 본동사가 아닌 준동사로 명사 school을 수식할 수 있는 분사가 와야 한다. 학교는 '위치되는' 것이므로 수동의 과거분사 'located'로 바꿔야 한다.
① 5형식 문장의 목적격보어로 형용사 'deaf'가 온 올바른 구조이다.
③ 명사 classroom을 수식하는 현재분사로 facing의 목적어로 볼 수 있는 the subway tracks가 이어졌으므로 능동의 현재분사 'facing'이 올바르게 왔다.
④ 선행사 a level에 이어진 관계대명사절로, at which에 이어 완전한 절이 올바르게 이어졌다.

정답 ②

04

해석

우리의 언어는 사회의 변화를 쫓아가지 못해 왔는데, 그 변화들 중 많은 것들은 기술에 의해 야기되어 왔다.

해설

문장 전체적으로 동사가 hasn't caught up with와 have been brought about이 왔으므로 연결어가 있어야 한다. 따라서 관계대명사 which가 있는 ①과 ③으로 정답이 좁혀지며, many와 which는 연속으로 올 수 없으므로 ①이 정답이다. which는 접속사와 선행사 changes를 한 번에 받는 표현이다.

정답 ①

05

해석

누가 먼저 잘못을 했건 또 누가 더 큰 잘못을 저질렀건 간에, 지금은 남북이 서로 절충할 때이며 그렇지 않으면 그들은 화해와 협력에 대해 아주 오래 동안 다시 논의할 수 없을 것이다.

해설

첫 번째 빈칸에는 부사절을 이끌면서 동사 made로 시작되는 불완전한 절을 이끌어야 하므로 선행사를 포함한 복합관계대명사 'Whoever'가 적절하다. 부사절을 이끄는 경우 No matter who로 바꿔 표현할 수 있다. 두 번째 빈칸에는 절과 절을 연결하는 등위접속사가 필요하다, that이 이끄는 절은 명사절로 종속절이면서 문장의 성분이 되어야 하므로 적합하지 않다. 따라서 'or'가 적절하며, 문맥상 불확실성의 의미를 내포해 '그렇지 않으면'으로 해석해야 한다.

정답 ②

06

해석

야망이 주된 열정인 남자들은 자신들의 경력에 도움을 주는 여성을 사랑하게 마련인데, 그 사랑이 이기심에 본능적인 뿌리를 두고 있기 때문에 진정한 것이 아니라고 여기는 것은 아주 얄팍한 심리일 것이다.

해설

첫 번째 빈칸에는 문장 전체의 주어이자 선행사인 men을 지칭하면서 수식할 수 있는 관계대명사가 와야 하는데, 빈칸에 이어진 명사 ambition을 수식할 수 있어야 하므로 소유격 관계대명사 whose가 적절하다, ④의 whoever는 선행사를 포함한 관계대명사로 명사절을 이끌기 때문에 men을 수식할 수 없다. 두 번째 빈칸은 suppose의 목적어인 명사절을 이끌어야 하는데, 빈칸에 이어 완전한 절이 이어졌으므로 접속사 that이 적절하다. 따라서 정답은 ①이다.

정답 ①

DAY 23 문법

01
밑줄 친 부분 중 어법상 옳지 않은 것은?

Symbols ① have become important elements in the language of advertising, not so much ② because they carry meanings ③ of their own, ④ or because we bring meaning to them.

02
밑줄 친 부분에 들어갈 말로 올바르게 짝지어진 것은?

At that rate, he would have surpassed 600 home runs during the 2004 season, with plenty of time _____ for him _____ Babe Ruth and Hank Aaron.

① remaining – challenging
② remained – challenging
③ remaining – to challenge
④ remained – to challenge

03
밑줄 친 부분 중 어법상 옳지 않은 것은?

Two Greek sponge-fishing boats, on their way home from working the North African coast, were forced by a storm ① to seek shelter at the Greek island of Antikythera. ② During their stay, chief diver, Elias Stadiatis came upon the sculptural cargo of an ancient wreck ③ was positioned unstably at the edge of an undersea cliff. In a follow-up dive he himself brought up an ancient bronze arm and later ④ informed the Greek government of the discovery.

04
밑줄 친 부분에 들어갈 말로 가장 적절한 것은?

Violent protest and brutal crackdown have become another chicken-and-egg dilemma in Korea, one of _____ images abroad is street demonstration.

① who
② whom
③ that
④ whose

01

해석
상징은 광고 언어의 중요한 요소가 되었는데, 그것은 상징이 스스로 의미를 가지고 있기 때문이라기보다는 오히려 우리가 그것에 의미를 부여하기 때문이다.

해설
④ 「not so much A as B(A라기 보다는 오히려 B인)」 구조이므로 접속사 or를 'as'로 바꿔야 한다. A와 B로 이유부사절(because 주어 + 동사 ~)이 병렬되어 있다.
① 현재완료시제로 주어가 복수명사 symbols이므로 수일치가 올바르게 이루어졌다. 불완전자동사이므로 보어로 형용사 important가 왔다.
② 부사절을 이끄는 접속사로 뒤에 완전한 절이 올바르게 이어져 있다.
③ 'of one's own'은 '자기 자신의, 고유한'의 의미로 명사 meanings를 수식하고 있다.

정답 ④

02

해석
그런 식으로, 그는 베이브 루스와 행크 애런에게 도전할 충분한 시간이 남아 있는 2004년 시즌 동안 600 홈런을 넘었을 것이다.

해설
첫 번째 빈칸에는 with에 이어진 분사구문으로 remain이 자동사이고, time 그 자체가 남아 있는 상태이므로 현재분사 'remaining'이 와야 하고, 두 번째 빈칸에는 의미상의 주어가 for him인 것으로 보아 to부정사인 'to challenge'가 와야 한다. 따라서 정답은 ③이다.

정답 ③

03

해석
북아프리카 해안에서 작업하고 귀가 중이던 해면 잡이용 그리스 선박 두 척이 폭풍 때문에 그리스의 안티키테라 섬에 대피해야 했다. 정박하는 동안, 수석 잠수부인 Elias Stadiatis는 우연히 해저 절벽 가장자리에 불안정하게 놓여 있던 고대 난파선의 조각품 화물을 발견했다. 이어진 잠수에서 그는 직접 고대의 청동으로 된 팔을 건져냈고, 후에 그리스 정부에 그 발견에 대해 신고했다.

해설
③ 밑줄이 포함된 문장의 동사로 came upon이 있으므로 본동사가 아닌 준동사로 바꿔야 한다. position은 타동사로 구조와 맥락상 '놓여진' 것이므로 과거분사 positioned로 바꿔야 한다.
① 불완전타동사 force의 목적어가 주어로 간 수동태 문장으로 호응하는 목적격보어인 to부정사가 were forced에 이어진 올바른 구조이다.
② 전치사 during의 목적어로 명사 their stay가 올바르게 왔다.
④ 주어 he의 두 번째 동사로, 목적어에 이어 전치사 of와 호응해 'A에 B를 알려주다'의 표현으로 올바르게 왔다.

정답 ③

04

해석
폭력 시위와 무자비한 진압은 길거리 시위가 국가 이미지의 하나인 한국에서 닭이 먼저냐 달걀이 먼저냐 하는 문제가 되어버렸다.

해설
빈칸에는 종속절을 이끌 수 있는 연결사로 선행사인 Korea를 지칭하면서 빈칸에 이어지는 명사 images를 수식할 수 있어야 하므로 소유격 관계대명사 'whose'가 적절하다. '~ and one of its images abroad is street demonstration'에서 and와 소유격 인칭대명사 its를 소유격 관계대명사 whose로 연결한 구조이다.

정답 ④

05

밑줄 친 부분에 들어갈 말로 올바르게 짝지어진 것은?

> Key U.S. weaponry such as Apache copters and a multiple-launch rocket system, _____ a key military asset _____ North Korea's possible artillery warfare.

① is – against
② are – against
③ is – for
④ are – for

06

밑줄 친 부분 중 어법상 옳지 않은 것은?

> Leisure has more recently been conceptualized ① either as a form of activity ② is engaged in by people in their free time or, preferably, as time free from any sense of obligation or compulsion. As such, the term leisure is now broadly ③ used to characterize time ④ not spent at work (where there is an obligation to perform).

05

해석
아파치 헬리콥터와 다연장 로켓 시스템과 같은 미국의 핵심 무기는 있을 수도 있는 북한의 포격전에 대응하는 중요한 군사적 자산이다.

해설
첫 번째 빈칸에는 주어 weaponry에 대한 동사가 들어가야 하는데, weaponry는 셀 수 없는 집합적 명사이므로 단수인 'is'가 와야 한다. 두 번째 빈칸에는 문맥 상 '~에 대항하여'가 되어야 하므로 찬성의 for가 아닌 'against'가 들어가야 한다. 따라서 정답은 ①이다.

정답 ①

06

해석
보다 더 최근 들어 여가는 사람들의 자유 시간에 관여되는 활동 형태이거나 혹은 오히려 어떤 의무나 강요로부터 자유로운 시간으로 개념화되고 있다. 따라서 보통 말하는 '여가'라는 용어는 이제 (해야 할 의무가 있는) 직장에서 보내지 않은 시간을 특징 짓는 데 광범위하게 사용된다.

해설
② 앞에 문장 전체의 동사(has been conceptualized)가 있으므로 동사가 아닌 준동사가 되어야 한다. 문맥상 명사 activity를 수식하면서 '참여되는 활동'의 의미이므로 is engaged를 engaged로 써야 한다.
① 뒤에 이어진 접속사 or와 호응하여 'A 혹은 B'의 의미로 왔다.
③ 앞의 be동사와 이어져서 「be used to + 동사원형」의 구조로 왔으며 '~에 사용되다'의 표현으로 문맥상 적절하다.
④ 명사 time을 수식하는 과거분사로 '보내어지지 않은'의 의미가 되어야 하므로 분사 앞에 'not'이 들어간 올바른 구조이다.

정답 ②

DAY 24 문법

01

밑줄 친 부분 중 어법상 옳지 <u>않은</u> 것은?

> Yesterday ① <u>was</u> ② <u>such beautiful day</u> ③ <u>that</u> I couldn't bring ④ <u>myself</u> to complete all my work.

01

해석
어제는 날씨가 너무 좋아서 나는 일을 다 끝낼 마음이 생기지 않았다.

해설
② 뒤에 이어지는 명사 day는 가산명사이므로 such a beautiful day 로 바꿔야 한다. 「such/quite/rather a(n) 형용사 + 명사」의 어순에 유의한다.
① 주어가 과거를 나타내는 명사로 문맥상 시제와 수일치가 적절하다.
③ such와 호응하는 접속사로 '매우 ~해서 …하다'의 의미이다. that에 이어 완전한 절이 올바르게 이어졌다.
④ 주어 I와 목적어가 일치하므로 목적어로 재귀대명사로 올바르게 표현 되었다.

정답 ②

02

밑줄 친 부분에 들어갈 말로 가장 적절한 것은?

> Though the management continued to try to obstruct the union, the legal foundation _____ for representation to secure higher wages and improved working conditions for laborers.

① has lain
② had been lain
③ had been laid
④ had lied

02

해석
회사는 계속 노조를 방해하려고 애썼지만, 노동자들의 보다 높은 임금 과 개선된 근로조건을 보장하기 위해, 대표할 수 있는 법적 기반은 놓여 있었다.

해설
부사절의 시제가 과거인데, 맥락상 법적 기반이 놓인 것은 그 이전이 므로 「had+p.p.」가 되어야 하고, 구조와 맥락상 타동사 lay에서 파생한 had been laid가 밑줄에 가장 적절하다. lain은 자동사 lie의 과거분사 로 수동태로 전환할 수 없으므로 ②는 쓸 수 없다.

정답 ③

03

밑줄 친 부분 중 어법상 옳지 않은 것은?

We take it for granted ① what film directors are in the game of recycling. Adapting novels is one of the most respectable of movie projects, ② while a book that calls itself the novelization of a film is considered barbarous. ③ Being a hybrid art as well as a late one, film has always been in a dialogue with other narrative genres. Movies were first seen as an exceptionally potent kind of illusionist theatre, the rectangle of the screen corresponding to the proscenium* of a stage, ④ on which appear actors. Starting in the early silent period, plays were regularly "turned into" films.

* proscenium: 앞 무대

04

밑줄 친 부분에 들어갈 말로 가장 적절한 것은?

The term "rule of law" was mentioned _____ "welfare" and "economic democratization".

① far more frequent than
② much more frequently as
③ very more frequent than
④ far more frequently than

05

밑줄 친 부분에 들어갈 말로 올바르게 짝지어진 것은?

Since Carpigiani Gelato university was _____ in 2003, an estimated 7,000 students – most of _____ are from outside Italy – have taken gelato-making courses.

① found – who
② founded – who
③ found – whom
④ founded – whom

06

밑줄 친 부분 중 어법상 옳지 않은 것은?

Do not make a commodity of yourself. Most often, you will find or meet people who introduce ① yourselves in terms of their work or by the things that they spend time ② on. These people introduce themselves as a salesman or an executive. There is nothing ③ criminal in doing this, but psychologically, we become what we believe. People ④ following this practice tend to lose their individuality and begin to live with the notion that they are recognized by the job they do.

03

해석

우리는 영화감독들이 재활용 게임을 하고 있다는 것을 당연시한다. 소설을 각색하는 것은 가장 훌륭한 영화 프로젝트들 중 하나인 반면, 영화를 소설화했다고 하는 책은 상스럽게 여겨진다. 후발 예술이면서 동시에 혼합 예술이기도 한 영화는 다른 서사 장르와 항상 대화를 해왔다. 직사각형 모양의 화면이 배우가 출연하는 앞 무대와 유사하게 보이면서, 초기에 영화는 특별히 유력한 일종의 마술 공연장으로 보였다. 초창기 무성 영화기를 시발점으로 연극은 자주 영화로 '전환'되었다.

해설

① 5형식 문장에서 가목적어 it과 호응하는 진목적어로 what은 명사절을 이끈다. 이때 what에 이어 불완전한 절이 이어져야 하는데 구조와 문맥상 완전한 절이 이어졌으므로 접속사 'that'으로 바꿔야 한다.

② 부사절을 이끄는 접속사로 뒤에 주어인 a book과 동사 is considered가 이어졌으므로 올바른 구조이다. 주어인 명사 a book을 관계대명사 that이 이끄는 형용사절이 수식하고 있다.

③ 분사구문을 이끄는 현재분사로, 생략된 주어는 이어지는 절의 주어 film과 일치하므로 올바른 표현이다.

④ which는 선행사인 proscenium of a stage를 지칭하는 관계대명사로, 뒤에 이어지는 문장은 주어가 actors, 동사가 appear로 1형식 문장이 도치된 문장이다. 완전한 절이 이어졌으므로 「전치사 + 관계대명사」의 구조가 와야 하며, 문맥을 고려해 'on which'로 적절하게 왔다. on which는 'and on the proscenium of a stage'로, 결국 장소의 부사구가 문장의 앞으로 왔으므로 이어진 종속절의 주어와 동사가 도치된 문장이다.

정답 ①

04

해석

'법치'라는 표현은 '복지', '경제 민주화'보다 훨씬 더 자주 언급되었다.

해설

빈칸을 제외하고 나면 나머지 문장구조가 완전한 절임을 알 수 있다. 따라서 빈칸에는 형용사가 아닌 부사가 들어가야 하며, 형용사 frequent가 포함된 ①과 ③은 정답에서 제외된다. 비교급과 호응하는 접속사로 as가 아닌 than이 와야 하므로 정답은 ④이다.

정답 ④

05

해석

2003년에 깔피자니 젤라또 대학교가 설립된 이후로, 대부분이 이탈리아 출신이 아닌 대략 7천 명의 학생들이 젤라또 만들기 과정을 수강했다.

해설

첫 번째 빈칸에는 문맥상 대학은 '설립되는' 것이므로 found의 과거분사인 'founded'가 적절하다. 두 번째 빈칸에는 선행사인 students를 지칭하면서 전치사 of에 이어졌으므로 목적격 관계대명사 'whom'이 와야 한다. 따라서 정답은 ④이다.

정답 ④

06

해석

여러분 자신을 일용품으로 만들지 마라. 매우 자주 여러분은 자신이 하는 일에 관하여, 혹은 자신이 시간을 보내는 일을 통해 스스로를 소개하는 사람들을 발견하거나 만날 것이다. 이러한 사람들은 자기 자신을 판매원이나 경영 간부로 소개한다. 이렇게 함에 있어 죄가 되는 것은 없지만, 심리적으로 우리는 자신이 믿는 존재가 된다. 이러한 관행을 따르는 사람들은 자신들의 개성을 잃어버리고 자신들이 하는 일에 의해 인정받는다는 생각을 가지고 살기 시작하는 경향이 있다.

해설

① 문맥상 find의 목적어이자 선행사인 people을 지칭하는 표현이 되어야 하므로 themselves로 바꿔야 한다. 주어는 관계대명사 who인데, who는 선행사인 people을 지칭하기도 하므로 문맥상 동일한 대상이 introduce의 목적어로 왔음을 알 수 있다. 따라서 재귀대명사가 와야 하는 자리이다.

② 「spend A on B」의 구조에서 전치사의 목적어인 B에 해당하는 명사가 선행사 the things와 일치하면서 관계대명사로 표현된 구조이다.

③ '-thing'으로 끝나는 명사를 형용사가 수식할 때 후치 수식해야 하므로 올바른 구조이다.

④ 주어인 명사 people을 수식하는 분사가 되어야 하는데, 뒤에 분사의 목적어인 this practice가 있으므로 능동의 현재분사 following으로 올바르게 표현되었다.

정답 ①

DAY 25 문법

01
밑줄 친 부분 중 어법상 옳지 <u>않은</u> 것은?

> When you read material that ① <u>interests</u> you, you have a ② <u>far</u> easier time storing ③ <u>those informations</u> to use later. One reason for this is that when you read something you truly want to understand, you try harder. For example, if I were shipwrecked on a deserted island and the one thing that washed up on the island was the book *Surviving on a Deserted Island for Dummies*, I ④ <u>would read and seek</u> to comprehend every word in that book.

02
밑줄 친 부분에 들어갈 말로 올바르게 짝지어진 것은?

> "Whatever is _____ to exert a positive influence on the body _____ also powerful enough to exert a negative influence," said doctor Brent Bauer.

① enough powerful – is
② powerful enough – is
③ enough powerful – to be
④ powerful enough – to be

03
밑줄 친 부분 중 어법상 옳지 <u>않은</u> 것은?

> The main opposition party, many of ① <u>whose</u> mainstream members ② <u>were connected</u> with past authoritarian regimes, ③ <u>to have</u> naturally reacted with aversion to the ruling camp's moves ④ <u>to probe</u> the past.

04
다음 빈칸에 들어갈 것으로 가장 적절한 것은?

> The opinion of the executives is _____.

① as badly as or worse than ours
② as bad as or worse than we
③ as badly or worse than our
④ as bad as or worse than ours

01

해석

당신의 흥미를 끄는 자료를 읽을 때, 당신은 나중에 쓸 정보를 훨씬 더 쉽게 저장한다. 이것에 대한 한 가지 이유는, 당신이 정말로 이해하고 싶어 하는 것을 읽을 때, 당신이 더 열심히 노력하기 때문이다. 예를 들어, 내가 무인도에 난파되고 섬으로 떠내려 온 유일한 물건이 "멍청이를 위한 무인도에서 살아남기"란 책이라면, 나는 그 책에 있는 모든 단어를 읽고 이해하려고 할 것이다.

해설

③ information은 셀 수 없는 명사이므로 복수형으로 표현할 수 없다. 따라서 'that information'으로 바꿔야 한다.
① 주격 관계대명사에 이어진 동사의 수는 선행사의 수에 일치하므로 단수형으로 적절하며, interest는 타동사로 목적어 you를 적절하게 받았다.
② far는 비교급 easier를 수식하는 부사로 '훨씬'의 의미이다.
④ 가정법 조건절의 시제를 묻는 문제로, if가 이끄는 조건절의 동사가 과거동사 were shipwrecked이므로 뒤에 이어진 주절의 동사는 가정법 과거시제인「조동사 과거 + 동사원형」이므로 올바른 구조이다.

정답 ③

02

해석

'무엇이든 신체에 긍정적인 영향을 미칠 만큼 강력한 것은 또한 부정적인 영향을 미칠 만큼 강력하기도 합니다.'라고 브렌트 바우어 박사가 말했다.

해설

첫 번째 빈칸에는 뒤에 이어진 to부정사와 연결된 어순으로「형용사 enough to + 동사원형」이 되어야 하므로 'powerful enough'가 와야 한다. 두 번째 빈칸에는 복합 관계대명사 whatever가 이끄는 명사절이 문장 전체의 주어로, 본동사가 없으므로 준동사 to be가 아닌 본동사 'is'가 와야 한다. 따라서 정답은 ②이다.

정답 ②

03

해석

주류 당원 중 많은 수가 과거 독재 정권과 관련이 있는 제1야당은 과거사를 파헤치려는 여당의 움직임에 당연히 적대적인 반응을 보였다.

해설

③ 중간의 관계대명사가 포함된 삽입절을 제외하면, 문장 전체 주어인 The party의 동사이므로 수를 고려해 'has'로 바꿔야 한다.
① 관계대명사는 선행사인 party를 지칭하는데, 이어지는 명사인 mainstream member를 수식해야 하므로, and its를 하나로 표현한 소유격 관계대명사 whose로 올바르게 표현했다.
② 주어는 'many of ~ members'이므로 복수로 수일치가 이루어졌고, 타동사 connected의 수동태로 구조와 문맥상 올바르다.
④ 명사 moves를 수식하는 to부정사의 형용사적 용법으로 구조와 문맥상 올바르다.

정답 ③

04

해석

임원들의 의견은 우리 의견만큼 나쁘거나 더 안 좋다.

해설

동등비교와 우등비교를 함께 쓸 때 접속사 or로 연결하며, 이때 비교급에 쓰이는 품사는 문장구조를 살펴야 한다. 불완전 자동사 is의 보어가 없으므로 먼저 형용사 비교가 되어야 하며, 비교대상 역시 일치가 되어야 하므로 the opinion of the executives와 쓸 수 있는 것은 소유대명사인 ours(our opinion)가 와야 한다. 따라서 정답은 ④이다.

정답 ④

05

밑줄 친 부분 중 어법상 옳지 <u>않은</u> 것은?

> ① <u>Had</u> we known ② <u>that</u> this contractor would do such substandard work, we ③ <u>wouldn't give</u> ④ <u>this company</u> the contract.

05

해석

만약 이 계약자가 그토록 수준 이하의 일을 한다는 것을 우리가 알았다면, 우리는 이 기업에 계약을 주지 않았을 것이다.

해설

③ 가정법 과거완료 문장이므로 주절에는 「조동사과거 + have + p.p.」가 와야 한다. 따라서 wouldn't have given으로 바꿔야 한다.

① 조건절에서 if가 생략되면서 주어와 had가 도치된 구조이다.

② 타동사 know의 목적어인 명사절을 이끄는 접속사로 뒤에는 완전한 절이 올바르게 이어졌다.

④ 수여동사 give에 이어진 간접목적어로 뒤에 직접목적어(the contract)가 연결된 올바른 구조이다.

정답 ③

06

밑줄 친 부분 중 어법상 옳지 <u>않은</u> 것은?

> The first coffeehouse in western Europe ① <u>not opened</u> in a center of trade or commerce but in the university city of Oxford, ② <u>in which</u> a Lebanese man ③ <u>named</u> Jacob set up shop ④ <u>in 1650</u>.

06

해석

서유럽에서 최초의 커피숍은 무역과 상업의 중심지가 아닌 옥스퍼드라는 대학도시에서 열렸는데, 그곳에서 Jacob이라고 하는 한 레바논인이 1650년에 가게를 시작했다.

해설

① 「not A but B」의 구조로 B에 해당하는 어구가 'in the university city ~'이므로 A 역시 「전치사 + 명사」 구조로 와야 한다. 따라서 not opened를 'opened not'으로 바꿔야 한다.

② 선행사 Oxford에 이어진 「전치사 + 관계대명사」로 뒤에 완전한 절이 올바르게 이어졌다.

③ 명사 man을 수식하는 과거분사구로 'Jacob이라 불리는'의 의미로 왔다.

④ 주어가 3인칭 단수(a Lebanese man)인데 동사가 set up인 것으로 보아 과거동사임을 알 수 있고, 따라서 밑줄 친 'in 1650'과 호응하여 시제일치가 올바르게 이루어졌다.

정답 ①

DAY 26 문법

01

밑줄 친 부분에 들어갈 말로 올바르게 짝지어진 것은?

> _____ with Janelle's actions the previous week, Danielle chose to nominate her alongside James, _____ role was that of a pawn.

① Frustrated – whom
② Having frustrated – which
③ To be frustrated – who
④ Having been frustrated – whose

01

해석

그 전주 Janelle의 행동에 좌절한 Danielle은 James와 함께 그녀를 지명하기로 결정했는데, 그의 역할은 졸(앞잡이)의 역할이었다.

해설

감정타동사 frustrate의 분사구문으로 생략된 주어는 이어지는 문장의 Danielle로, 문맥상 '좌절되는' 것이므로 첫 번째 빈칸에는 수동 분사구문인 Frustrated 혹은 Having been frustrated가 적절하다. 두 번째 빈칸에는 선행사인 James를 지칭하면서 빈칸에 이어진 명사 role을 수식할 수 있어야 하므로 소유격 관계대명사 whose가 적절하다. 따라서 정답은 ④이다.

정답 ④

02

밑줄 친 부분 중 어법상 옳은 것은?

> Now the government finds ① <u>themselves</u> short of land and manpower for additional culling. Worse yet, residents nearby some burial sites ② <u>have complained</u> the environmental contamination, resulting from hasty, shoddy jobs. In comparison, some European countries, like Denmark and the Netherlands, ③ <u>using</u> the methods of euthanasia that ④ <u>gives</u> the least pains to animals, mix the burial with incineration and turn the animal carcasses into compost to minimize environmental damage.

02

해석

이제 정부는 더 이상 처분할 땅도 인력도 부족함을 느끼고 있다. 게다가 일부 매장터 인근의 주민들은 환경오염에 대해 불평하고 있는데 서둘러서 대충 작업한 결과이다. 이와 비교해서 덴마크나 네덜란드 등 유럽 국가들은 동물들에게 최소한의 고통만 주는 안락사 방법을 이용하고, 소각과 매립을 병행하며 환경 피해를 최소화하기 위해 동물 사체를 퇴비로 만들고 있다.

해설

④ 주격 관계대명사에 이어진 동사로, 문맥상 선행사는 euthanasia이므로 단수로 수일치가 올바르게 이루어졌다.
① 주어인 the government와 동일한 대상이므로 재귀대명사가 와야 하는데, 단수로 수일치를 맞춰야 하므로 'itself'로 바꿔야 한다.
② complain은 자동사로 명사를 연결할 때 전치사 'about'을 필요로 한다. 따라서 'have complained about'으로 바꿔야 한다. 타동사로 쓸 때는 목적어로 주로 접속사 that이 이끄는 명사절이 이어진다.
③ 주어인 some European countries의 동사가 되어야 하므로 수일치를 고려해 use로 바꿔야 하며, 뒤에 이어진 동사 mix와 turn이 병렬 구조로 연결되어 있다.

정답 ④

03
밑줄 친 부분에 들어갈 말로 올바르게 짝지어진 것은?

> At the end of the day we should always remember that whoever _____ facing us, whatever has happened in their lives, there _____ a strong element of the haphazard.

① is – being
② has – having been
③ is – will be
④ has – is

04
밑줄 친 부분에 들어갈 말로 올바르게 짝지어진 것은?

> Cloning is a _____ controversial issue that excites some but scares _____.

① high – another
② high – other
③ highly – others
④ highly – the other

05
밑줄 친 부분 중 어법상 옳지 않은 것은?

> ① Even more important ② are that ③ the disabled should be able to get better education ④ so that they can create a better future by themselves.

06
밑줄 친 부분 중 어법상 옳지 않은 것은?

> No one knew of the existence of the Indus culture until archeologists discovered ① it at the site of Harappa in the 1920s. Since then, some seventy cities, the largest ② were Harappa and Mohenjo-Daro, have been identified. This urban civilization had bronze tools, writing, covered drainage systems, and a diversified social and economic organization. Though it remained the least ③ understood of the early river valley civilizations, archeological evidence and inferences from later Indian life allows us ④ to reconstruct something of its culture.

03

해석
하루의 마지막에 우리가 항상 기억해야 하는 것은, 우리가 누구와 만나든, 그들의 삶에 무슨 일이 일어났든 간에 우연성이 상당 부분을 차지할 거란 사실이다.

해설
첫 번째 빈칸은 복합 관계대명사 whoever가 이끄는 부사절의 동사 자리로, 이어지는 현재분사 facing과 호응해서 쓸 수 있는 것은 is가 자연스럽다. 두 번째 빈칸은 타동사 remember의 목적어인 접속사 that이 이끄는 절 내에서 주절에 해당되므로, 유도부사 there에 이어 본동사가 와야 한다. 구조와 문맥상 will be가 와야 한다. 따라서 정답은 ③이다.

정답 ③

04

해석
복제는 일부 사람들을 흥분시키지만 다른 이들은 겁나게 하는 상당히 논란이 많은 문제이다.

해설
첫 번째 빈칸에는 형용사 controversial을 수식하는 부사로, 문맥상 '매우'의 의미인 highly가 적절하다. 두 번째 빈칸에는 some과 호응할 수 있는 대명사로 '다른 사람들'의 의미인 others가 적절하다. 따라서 ③이 정답이다.

정답 ③

05

해석
장애인들에게 더 좋은 교육 기회를 제공하여 스스로 더 나은 미래를 가꾸어나갈 수 있도록 해야 하는 것이 훨씬 더 중요하다.

해설
② 보어인 형용사 important가 강조되어 문장의 앞으로 나가면서 주어와 be 동사가 도치된 문장이다. 따라서 are의 주어는 접속사 that이 이끄는 명사절이므로 단수로 받아 is로 바꿔야 한다.
① 비교급 강조 부사로 '훨씬'의 의미이다.
③ 「the + 분사(형용사)」는 '~한 사람들'의 표현으로 문맥상 적절하며, 접속사 that이 이끄는 절의 주어이다.
④ 완전한 주절에 이어진 부사절을 이끄는 접속사로 뒤에 완전한 절이 올바르게 이어졌다.

정답 ②

06

해석
1920년대 하라파의 유적지에서 고고학자들이 발견하기 전까지는 아무도 인더스 문화의 존재에 대해 몰랐다. 그때 이후로, 가장 큰 것이 하라파와 모헨조다로인데, 약 70개 도시들이 확인되었다. 이 도시 문명은 청동 도구들, 글, 지붕 덮인 하수도 배수 시설들, 그리고 다양한 사회적, 경제적 조직을 가졌다. 비록 그것은 초기 강 유역 문명들 중 가장 덜 이해된 것으로 남아 있지만, 후대의 인도인의 삶으로부터의 고고학적 증거와 추론들은 우리가 그 문화의 어떤 것을 복원할 수 있도록 한다.

해설
② 부사구 since then에 이어진 문장의 주어와 동사 사이에 삽입된 구조이므로 본동사가 아닌 준동사가 되어야 한다. 따라서 분사구문으로 전환해야 하며, 시제가 일치한 것으로 보아 being으로 바꿔야 한다.
① 문맥상 주절의 'the existence of the Indus culture'를 지칭하므로 단수 대명사인 it으로 적절하게 받았다.
③ 문장의 주격보어로, 주어인 it은 '이해되는' 것이므로 수동의 과거분사로 올바르게 표현되었다.
④ 불완전타동사 allow와 호응하는 목적격보어로 to부정사가 올바르게 이어졌다.

정답 ②

01

밑줄 친 부분 중 어법상 옳지 않은 것은?

There are many benefits ① to driving a car with a manual transmission. ② In addition better gas mileage, a manual transmission allows the driver to start a car ③ which has a low battery. With a foot on the clutch, the driver just needs to put the car in second gear and have someone ④ push the car until it gains enough speed. The driver then releases the clutch quickly, and the car should start.

02

밑줄 친 부분에 들어갈 말로 올바르게 짝지어진 것은?

_____ the positions of the stars are known to an extremely high degree of accuracy, if the position of the person performing an observation and the time _____ the observation was made are accurately known, it is possible to determine the position of the moon.

① That – which
② Since – at which
③ What – when
④ Whether – whose

03

밑줄 친 부분 중 어법상 옳지 않은 것은?

Basketball visualization techniques can aid an athlete in many facets of the game, as can an athlete's positive outlook and achievements. In a memorable game, Jerry West and the Knicks were trailing with a few seconds ① leaving in an NBA Finals game. West took an inbound pass and shot from 60 feet at the buzzer. Knicks guard Walt Clyde Frazier recalls thinking: 'The man's crazy. He thinks it's really going in!' Of course, it ② did go in, and the game went into overtime. Once he was asked about his ability to frequently hit the big shot. West revealed ③ what Frazier had witnessed. West explained that he had already made those shots time after time as he visualized it in his mind. Jerry West, like so many other legends including Michael Jordan, Larry Bird, Phil Jackson, Tiger Woods, Wayne Gretzky and countless others, ④ utilized the power of visualization to perfect his talent in the sport of his choice.

04

밑줄 친 부분에 들어갈 말로 올바르게 짝지어진 것은?

- Seoul is _____ visiting many times.
- Mars is a pretty big place even though it's _____ size of the earth..

① worth – the half
② worth – half the
③ worthy – the half
④ worthy – half the

01

해석

수동 변속기 차량을 운전하는 데에는 많은 이점들이 있다. 연비가 더 좋은 것 외에도 수동 변속기는 전지가 약한 자동차도 시동을 걸 수 있다. 운전자는 클러치를 발로 밟고 차를 2단 기어에 놓고 속도가 충분히 될 때까지 누군가에게 차를 밀게 하면 된다. 그 다음 운전자가 재빨리 클러치를 놓으면 자동차는 시동이 걸린다.

해설

② 부사구를 이끌어야 하는데 명사 better gas mileage를 연결해야 하므로 '~외에도'의 의미로 쓰는 구전치사인 in addition to로 바꿔야 한다. in addition은 연결사로 '게다가, 더욱이'의 의미이다.

① benefit to는 '~에 대한 장점'의 의미로, to는 전치사이다. 따라서 뒤에 명사 a car를 목적어로 취할 수 있는 동명사 'driving'으로 올바르게 표현되었다.

③ 선행사 a car를 지칭하는 주격 관계대명사로 이어진 동사의 수가 a car에 일치해 단수형으로 올바르게 왔다.

④ 사역동사 have와 호응하는 목적격보어로 동사원형 push가 올바르게 왔다.

정답 ②

02

해석

별들의 위치가 매우 정확하게 알려져 있기에, 관찰자의 위치와 그 관찰을 하는 시간을 정확하게 알 수 있다면 달의 위치를 측정할 수 있다.

해설

첫 번째 빈칸에는 완전한 절을 이끌면서 마지막에 주절이 있으므로 부사절을 이끌 수 있는 접속사가 와야 한다. 따라서 명사절을 이끄는 ①과 ③은 정답에서 제외된다. 두 번째 빈칸에는 선행사 time을 지칭하면서 뒤에 완전한 절이 이어졌으므로 관계부사 혹은 「전치사+which」가 되어야 한다. 따라서 정답은 ②이다.

정답 ②

03

해석

농구의 시각화 기술은 선수의 긍정적 사고방식과 성취가 할 수 있는 것처럼 경기의 많은 면에서 선수를 도울 수 있다. 잊지 못할 경기에서 Jerry West와 Knicks 팀 선수들은 NBA 결승전 게임에서 몇 초가 남은 상황에서 지고 있었다. West는 코트 안으로 던져주는 패스를 받았고 버저 소리와 함께 60피트 거리에서 슛을 했다. Knicks 팀의 가드였던 Walt Clyde Frazier는 '저 사람은 미쳤구먼. 그는 그게 정말로 들어갈 거로 생각하고 있어.'라고 생각했었다고 회상한다. 물론 그것은 정말 들어갔고 게임은 연장전으로 들어갔다. 한번은 그가 대단한 슛을 자주 넣는 그의 능력에 대해 질문을 받은 적이 있었다. West는 Frazier가 목격한 것의 비밀을 밝혀 주었다. West는 그것(그런 슛을 하는 것)을 마음 속으로 그려보면서 여러 번 되풀이해서 이미 그런 슛을 해 보았다고 설명했다. Michael Jordan, Larry Bird, Phil Jackson, Tiger Woods, Wayne Gretzky 그리고 셀 수 없이 많은 다른 사람들을 포함하여 아주 많은 다른 전설적인 인물처럼 Jerry West는 자신이 선택한 스포츠에서 자신의 기술을 완성하기 위해 시각화의 힘을 이용했다.

해설

① 「with+명사+분사」 구조로, a few seconds는 '남겨지는' 것이므로 수동의 과거분사 'left'로 바꿔야 한다.

② 문맥상 그리고 등위접속사 and에 이어진 문장의 시제가 과거(went)이므로 과거동사의 강조용법으로 「did+동사원형」의 구조로 올바르게 표현되었다.

③ 타동사 revealed의 목적어로 what이 이끄는 명사절이 왔으며 뒤에 타동사 had witnessed의 목적어가 없는 불완전한 절이 이어졌다.

④ 전치사 like가 이끄는 삽입구를 제외하면 문장 전체 주어인 Jerry West의 동사가 와야 하므로 과거시제로 올바르게 표현되었다.

정답 ①

04

해석

• 서울은 여러 번 방문할 만한 가치가 있다.
• 화성은 지구의 절반 크기이긴 하지만, 꽤 큰 장소이다.

해설

첫 번째 빈칸에는 동명사를 목적어로 받을 수 있는 형용사 worth가 적절하며, 두 번째 빈칸은 「전치한정사+한정사+명사」의 어순이 되어야 하므로 'half the'가 와야 한다. 전치한정사로 half, both, all, double 등이 있다.

정답 ②

05

밑줄 친 부분 중 어법상 옳지 <u>않은</u> 것은?

> Lawmakers ① <u>would earn</u> our praise if they drew public attention to the ② <u>pressing</u> issues and ③ <u>present</u> alternatives to ④ <u>inefficient</u> government policies.

05

해석

만약 국회의원들이 긴급한 문제에 대중의 관심을 끌어들이고 비효율적인 정부 정책들에 대안들을 제시한다면, 그들은 우리의 칭송을 받을 것이다.

해설

③ 가정법 과거시제의 조건절 동사가 병치되어 있다. 따라서 drew와 병치시켜 과거동사인 presented로 바꿔야 한다.
① 가정법 과거시제의 주절이므로 「조동사 과거 + 동사원형」으로 올바르게 표현되었다.
② 명사 issue를 수식하는 형용사로 '긴급한(urgent)'의 의미이다.
④ 형용사로 명사 policies를 수식하며 문맥상 적절하다.

정답 ③

06

밑줄 친 부분에 들어갈 말로 올바르게 짝지어진 것은?

> _____ could no one find a causal association between MMR and autism at the population level, but it was _____ that this article had incorrect claims.

① Not until – found
② Not only – found
③ No sooner – founded
④ Not only – founded

06

해석

누구도 MMR과 자폐증과의 유의미한 수준의 인과 관계를 찾지 못했을 뿐만 아니라, 이 기사가 부정확한 주장을 했다는 것이 밝혀졌다.

해설

빈칸에 이어 의문문의 어순으로 도치가 이루어졌고 두 번째 문장의 'but (also)'로 보아 첫 번째 빈칸에는 Not only가 와야 함을 알 수 있다. 두 번째 빈칸에는 진주어인 that절의 내용이 밝혀진 것이므로 find의 과거분사인 found가 적절하다. found(설립하다)의 과거분사 founded는 빈칸에 적절하지 않다.

정답 ②

DAY 28 문법

01

밑줄 친 부분에 들어갈 말로 가장 적절한 것은?

> Hirschfeld's art style is unique, and he is considered to be one of the most important figures in contemporary caricature, _____ countless cartoonists.

① influences
② having influenced
③ having been influenced
④ which was influenced

01

해석

Hirschfeld의 예술 스타일은 독특하며, 수많은 만화가들에게 영향을 준 현대 캐리커처에서 가장 중요한 인물 중 한 명으로 여겨진다.

해설

빈칸에는 완전한 절에 이어져야 하므로 분사구문, 혹은 관계대명사가 이끄는 절이 올 수 있다. influence는 타동사로, 빈칸에 이어 목적어인 cartoonists가 있으므로 수동구조인 ③과 ④는 정답에서 제외된다. ①은 본동사이므로 빈칸에 올 수 없다. 따라서 분사구문이면서 목적어를 취할 수 있는 능동구조인 ②가 정답이다.

정답 ②

02

밑줄 친 부분 중 어법상 옳지 않은 것은?

> The word esteem came from the Latin *aestimare*, ① which means "to estimate or evaluate." Self-esteem thus refers to our positive and negative evaluations of ourselves. Some individuals have higher self-esteem than others, and this attribute can have a profound impact on the way they think and feel about ② themselves. It is important to keep in mind, however, ③ what although some people have higher self-esteem than others, a feeling of self-worth is not a single trait ④ written permanently in stone.

02

해석

esteem이라는 단어는 라틴어의 aestimare에서 왔는데, 그것은 '판단하거나 평가하다'를 의미한다. 그래서 자부심은 우리 자신에 대한 우리의 긍정적이고 부정적인 평가를 가리킨다. 일부 사람들은 다른 사람들보다 더 높은 자부심을 가지고 있으며, 이 특성은 그들이 그들 자신에 대해 생각하고 느끼는 방식에 깊은 영향을 미칠 수 있다. 하지만 비록 일부 사람들이 다른 사람들보다 더 높은 자부심을 가지고 있다 할지라도 자존심에 대한 느낌이 돌에 영원히 쓰인 단일한 특성이 아니라는 것을 명심하는 것이 중요하다.

해설

③ to keep in mind의 목적어인 명사절을 이끄는 연결사 자리로, 삽입된 양보부사절(although ~ others)을 제외하면 a feeling of self worth is ~로 시작하는 완전한 절이 이어졌음을 알 수 있다. 따라서 불완전한 절을 이끄는 what이 아니라 완전한 절을 이끄는 접속사 'that'으로 바꿔야 한다.

① 선행사 aestimare를 지칭하므로 which가 적절하다.
② 문맥상 주어인 they와 일치하므로 재귀대명사가 목적어로 온 올바른 구조이다.
④ 명사 trait를 수식하는 분사로, '특성'은 돌에 쓰여지는 것이므로 수동의 과거분사가 적절하게 왔다.

정답 ③

03
밑줄 친 부분 중 어법상 옳지 않은 것은?

Clarence Birdseye started out with a fan, salt water, and ice and showed ① what deep freeze could do. In 1912 Birdseye found the process under an unlikely circumstance. A naturalist and keen observer, Birdseye spent hours watching Inuits fish, noticing how their catch ② would freeze almost instantly upon emerging from the icy sea. What intrigued him was that the fish remained flavorful when thawed — even months later. He dipped barrels of fresh cabbage in salt water, exposed them to ③ freeze winds, and got the eureka moment. Birds Eye Frosted Foods debuted in 1930. Birdseye eventually came in from the cold ④ to obtain some 300 patents.

04
밑줄 친 부분에 들어갈 말로 가장 적절한 것은?

Only in 1921 _____.

① was insulin actually isolated
② the actual isolation of insulin
③ actually was isolated insulin
④ insulin was actually isolated

05
밑줄 친 부분 중 어법상 옳지 않은 것은?

If ① every food company ② had put warning labels on their products, parents would have been ③ aware of the possible dangers and many incidents ④ could have prevented.

06
밑줄 친 부분에 들어갈 말로 올바르게 짝지어진 것은?

The island of 500,000 people was already struggling _____ from the earlier tsunami, which _____ widespread damage and left many people without homes and food.

① recovering – causing
② to recover – causing
③ recovering – caused
④ to recover – caused

03

해석

Clarence Birdseye는 선풍기와 소금물, 그리고 얼음을 가지고 시작해서, 급속 냉동이 어떤 일을 할 수 있는지 보여 주었다. 1912년에 Birdseye는 의외의 상황에서 그 과정을 발견했다. 동식물학자이자 예리한 관찰자인 Birdseye는 Inuit 족이 낚시하는 것을 지켜보며 몇 시간씩 보내다가 어떻게 그들이 잡은 물고기가 얼음 바다에서 위로 올라오자마자 거의 순식간에 어는지를 목격했다. 그의 흥미를 끈 것은 그 물고기가 해동되었을 때 — 심지어 여러 달 후에도 — 맛을 유지하고 있다는 것이었다. 그는 다량의 싱싱한 양배추를 소금물에 담그고 몹시 추운 바람에 노출시키고는 깨달음의 순간을 가졌다. Birds Eye Frosted Foods는 1930년에 시판되기 시작했다. Birdseye는 마침내 추위에서 돌아와 300여 건의 특허를 획득했다.

해설

③ to는 전치사로서 목적어로 winds가 왔다. 따라서 freeze는 winds를 수식할 수 있는 현재분사 'freezing'으로 바꿔야 한다.

① 타동사 showed의 목적어인 명사절을 이끄는 의문대명사로 뒤에 타동사 do의 목적어가 없는 불완전한 절이 올바르게 이어졌다.

② 문장 전체의 동사가 과거 spent이므로 문맥과 구조상 분사구문의 종속절의 동사 would freeze 역시 과거로 시제일치가 이루어져야 한다. 문맥상 과거에서의 미래 시점의 표현이 되어야 하므로 will이 아닌 will의 과거형 would로 올바르게 표현되었다.

④ 완전한 절에 이어진 to부정사의 부사적 용법으로 문맥상 '결과'로 해석할 수 있다.

정답 ③

04

해석

1921년에야 인슐린이 실질적으로 분리되었다.

해설

only가 부사, 부사구, 부사절을 한정하면서 문장의 앞으로 올 때는 뒤에 이어지는 절은 도치가 된다. 이때 의문문의 어순으로 도치가 되므로 주어진 문장은 주어와 be동사를 도치해야 한다. 따라서 ①이 맞는 문장이다.

정답 ①

05

해석

만약 모든 식품회사가 그들의 제품에 경고 라벨을 붙였다면, 부모들은 가능성 있는 위험들을 인식하고 많은 사고들이 예방될 수 있었을 것이다.

해설

④ 전체적으로 가정법 과거완료시제이며, 주절의 경우 두 개의 문장이 병렬되었다. 사건들(incidents)은 예방이 되는 것이고 prevent는 타동사임에도 뒤에 목적어가 없으므로 수동태로 와야 한다. 따라서 could have been prevented로 바꿔야 한다.

① every는 단수명사를 수식하므로 올바른 구조이다.

② 가정법 과거완료시제의 조건절 동사로 「had + p.p.」의 구조로 올바르게 표현되었다.

③ 'be aware of'는 '~을 인지하다, 알아차리다'의 의미이다.

정답 ④

06

해석

50만의 주민이 있는 그 섬은 이미 지난 쓰나미 피해를 복구하느라 고군분투하고 있었다. 그 쓰나미로 인해 광범위한 피해가 발생했고 많은 사람들이 집과 먹을 것을 잃었다.

해설

첫 번째 빈칸은 타동사 struggle의 목적어로 to부정사가 와야 하므로 to recover가 적절하고, 두 번째 빈칸에는 관계대명사에 이어 본동사가 이어져야 하므로 과거동사인 caused가 와야 한다. 따라서 정답은 ④이다.

정답 ④

01

밑줄 친 부분에 들어갈 말로 올바르게 짝지어진 것은?

> Electricity is completely safe if _____ properly. However, dangerous conditions can sometimes develop. For example, loose-fitting plugs can overheat and lead to fire and water intrusion inside a plugged-in appliance _____ to electrical shock.

① using – to lead
② used – can lead
③ it uses – can be led
④ is used – can be led

02

밑줄 친 부분 중 어법상 옳지 않은 것은?

> Every profession or trade, every art, and every science has its own technical vocabulary, ① its function is partly to designate things or processes which ② have no names in regular English. Such special dialects, or jargons, are necessary in technical discussions of any kind and ③ secure the precision of a mathematical formula. Thousands of these technical terms are very properly included in every large dictionary; yet, as a whole, ④ they are rather on the outskirts of the English language than actually within its borders.

03

밑줄 친 부분 중 어법상 옳지 않은 것은?

> Industry spokespeople and the magazines ① in which they advertise argue that the collection and marketing of our personal data will lead to a more customized experience of the Internet. When ② some informations about our personal preferences is brought and sold, more companies will direct us to ③ what we like. If every site you visit already knows you are a ④ forty-year-old woman with an income between $60,000 and $80,000 a year, you will not be bothered with ads directed to fourteen-year-old boys.

04

밑줄 친 부분에 들어갈 말로 올바르게 짝지어진 것은?

> In my hometown, nobody would dream of buying a duck without knowing _____ farm it came from and _____ it ate.

① who – which
② which – that
③ that – what
④ which – what

01

해석

전기는 적절히 사용되면 매우 안전하다. 그러나 위험한 상황이 때때로 일어날 수 있다. 예를 들어, 헐겁게 끼운 플러그는 과열되어서 화재를 일으킬 수 있고 플러그에 접속된 전기 기구에 물이 들어가면 전기 충격을 일으킬 수 있다.

해설

첫 번째 빈칸은 if절의 주어가 electricity이고 use가 타동사이므로 구조와 문맥상 수동태가 되어야 한다. 따라서 'it is used' 혹은 it is가 생략된 'used'가 적절하다. 두 번째 빈칸에는 연결사 For example에 이어 대등절이 온 구조로 두 번째 문장의 주어인 'water intrusion'의 동사가 와야 하고, 빈칸에 이어진 to와 하나의 동사구를 형성해 목적어인 electrical shock를 취해야 하므로 능동 구조의 'can lead'가 적절하다. 따라서 정답은 ②이다.

정답 ②

02

해석

모든 직업, 예술 및 학문들은 나름의 전문적 용어를 가지고 있으며, 이 용어의 기능은 부분적으로는 일반적인 영어에서 명칭을 갖고 있지 않은 사물들이나 과정들을 지칭하기 위한 것이다. 그러한 특별한 통용어(특수 용어)는 모든 종류의 전문적 토론의 경우에 필요하며, 수학 공식의 정확성을 보장해 준다. 이러한 전문 용어는 수천 개가 모든 대형 사전에 적절히 수록되어 있기는 하지만, 전반적으로 이 용어들은 영어의 경계 내에 있다기보다는 영어의 경계선상에 위치하고 있다.

해설

① 절과 절이 접속사 없이 이어진 구조이므로 its는 대명사의 역할과 더불어 연결사의 기능을 해야 한다. its가 지칭하는 대상이 vocabulary 이므로 이를 선행사로 삼아 접속사의 역할을 할 수 있는 소유격 관계대명사 whose로 바꿔야 한다.
② 주격 관계대명사 which에 이어진 동사로 선행사인 processes에 복수로 동사의 수일치가 올바르게 이루어졌다.
③ 등위접속사 and를 두고 문장 전체의 첫 번째 동사 are와 병렬구조를 이루는 두 번째 동사이다. 시제와 수를 고려해 secure가 올바르게 왔으며, 타동사이므로 뒤에 목적어인 the precision이 적절하게 이어졌다.
④ 문맥상 앞 문장의 technical terms를 지칭하는 대명사로 복수로 수일치가 올바르게 이루어졌다.

정답 ①

03

해석

업계 대변인들과 그들이 광고를 싣는 잡지들은 우리의 개인 자료의 수집과 판매가 개개인의 요구에 더 맞추어진 인터넷상의 경험으로 이어질 것이라고 주장한다. 우리의 개인적 선호에 대한 일부 정보가 제공되어 팔릴 때, 더 많은 회사들이 우리가 좋아하는 것으로 우리를 향하게 할 것이다. 당신이 방문하는 모든 사이트가 이미 당신이 일 년에 6만 달러에서 8만 달러 사이의 수입이 있는 40세의 여성이라는 것을 알고 있다면, 당신은 14세의 소년들에게 겨냥된 광고와 관련해서 귀찮게 되지 않을 것이다.

해설

② information은 셀 수 없는 명사이므로 복수형으로 쓸 수 없다. 따라서 some information으로 바꿔야 한다.
① 「전치사 + 관계대명사」의 구조로 뒤에 완전한 절이 올바르게 이어졌다. advertise는 자동사이면서 타동사로 쓰인다.
③ 전치사 to의 목적어로 관계대명사 what이 이끄는 명사절이 왔으므로 what에 이어 불완전한 절이 이어져야 한다. what에 이어 타동사 like의 목적어가 없는 불완전한 절이 올바르게 이어졌다.
④ '수량-단위명사'의 형용사구는 하이픈(-)으로 연결할 때 단위명사를 단수로 써야 한다. 올바른 구조이다.

정답 ②

04

해석

내 고향에서는 오리고기가 어떤 농장에서 나왔고 무엇을 먹었는지를 알지 않고 구입하는 것은 아무도 꿈도 꾸지 않았다.

해설

첫 번째 빈칸에는 동명사 knowing의 목적어로 첫 번째 명사절을 이끄는 연결사가 와야 하는데, 뒤에 이어지는 절에서 전치사 from의 목적어로 「연결사 + farm」의 구조가 되어야 하므로 명사 farm을 수식할 수 있는 의문형용사 'which'가 구조와 문맥상 적절하고, 두 번째 빈칸에는 빈칸에 이어 타동사의 목적어가 없으므로 목적어 역할의 연결사로 불완전한 절을 이끌 수 있는 의문대명사 'what'이 적절하다.

정답 ④

05

밑줄 친 부분 중 어법상 옳지 <u>않은</u> 것은?

> ① <u>Fundamental</u> to the chemistry of ② <u>large molecules</u> ③ <u>are</u> an understanding of polymers. Many polymers ④ <u>are found</u> in nature.

해석
폴리머에 대한 이해는 큰 분자의 화학반응에 중요하다. 많은 폴리머들이 자연 상태로 발견된다.

해설
③ 보어인 형용사 fundamental이 문장의 앞으로 오면서 주어와 be동사가 도치되었다. 따라서 are의 주어는 'an understanding'이므로 단수로 수일치 시켜 is로 바꿔야 한다.
① 보어인 형용사가 문장의 앞으로 강조되어 왔다.
② 전치사 of에 이어 명사가 적절하게 이어졌으며 of와 함께 앞의 명사 the chemistry를 수식하고 있다.
④ find는 타동사임에도 밑줄에 이어 목적어가 없고, 폴리머(중합체)는 '발견되는' 것이므로 수동태로 올바르게 표현되었다.

정답 ③

06

밑줄 친 부분에 들어갈 말로 올바르게 짝지어진 것은?

> _____ notable individuals and organizations criticized the atomic bombings, many of _____ characterizing them as war crimes or crime against humanity.

① A number of – them
② The number of – them
③ A number of – whom
④ The number of – whom

해석
여러 유명한 개인들과 단체들이 이 원폭 투하를 비난했으며, 이들 중 많은 사람들은 원폭 투하를 범죄나 비인도적인 범죄 행위로 규정지었다.

해설
첫 번째 빈칸은 문맥상 '많은'의 의미가 되어야 하므로 'A number of'가 적절하고, 두 번째 빈칸은 독립분사구문으로 분사 앞에 의미상의 주어가 되어야 하므로 절을 연결하는 관계대명사 whom은 쓸 수 없다. 따라서 앞 문장의 individuals and organizations를 지칭하는 'them'이 와야 한다.

정답 ①

DAY 30 문법

01

밑줄 친 부분에 들어갈 말로 올바르게 짝지어진 것은?

> The deficiencies of the ship's original watertight bulkhead design exacerbated the situation, as _____ the many portholes which _____ open to aid in ventilation.

① were – has left
② did – has been left
③ were – had been left
④ did – had been left

02

밑줄 친 부분 중 어법상 옳지 <u>않은</u> 것은?

> Listening to somebody else's ideas is the one way to know ① <u>what</u> the story you believe about the world — as well as about yourself and your place in it — ② <u>remains</u> intact. We all need to examine our beliefs, air them out and let them ③ <u>breathe</u>. Hearing what other people have to say, especially about concepts we regard as foundational, is like opening a window in our minds and ④ <u>in our hearts</u>.

01

해석

선박의 원래 방수 격벽 설계의 결함은 환기를 돕기 위해 열려 있던 많은 포트홀(현창)들이 그랬듯이 상황을 악화시켰다.

해설

첫 번째 빈칸에는 exacerbated를 대신할 수 있는 대동사가 들어가야 하므로 시제를 고려해 일반동사를 대신하는 'did'가 와야 한다. 두 번째 빈칸에는 타동사 leave에 이어 목적어 없이 형용사 open이 이어졌으므로 수동태 구조가 와야 하며, 주절의 동사가 과거이므로 시제 일치가 이루어진 'had been left'가 와야 한다. 따라서 정답은 ④이다.

정답 ④

02

해석

다른 사람의 생각을 듣는 것은 – 당신 자신과 세상 안에 있는 당신의 위치에 대해서 뿐만 아니라 – 세상에 대해 당신이 믿는 이야기가 온전한 것인지 아닌지를 알 수 있는 유일한 방법이다. 우리는 모두 우리의 신념을 검토하고, 그것들을 공개적으로 토의하고, 그것들이 호흡하도록 둘 필요가 있다. 다른 사람들이, 특히 우리가 기본적이라고 여기는 개념에 대해 말해야 하는 것을 듣는 것은 우리 마음과 가슴의 창문을 여는 것과 같다.

해설

① to know의 목적어인 명사절을 이끌려면 what에 이어 불완전한 절이 이어져야 한다. 뒤에 주어인 명사절에 이어 불완전자동사 remains, 보어 intact로 완전한 절이 이어졌으므로 구조와 맥락상 접속사 whether로 바꿔야 한다.
② 명사절이 주어이므로 단수로 수일치가 이루어졌다.
③ 사역동사 let과 호응하는 목적격보어로 동사원형 breathe가 올바르게 왔다.
④ 등위접속사 and 앞에 in our minds와 병렬구조로 in our hearts가 적절하게 이어졌다.

정답 ①

03
밑줄 친 부분 중 어법상 옳지 않은 것은?

Homework for today's children is getting out of control. The point of doing homework is to help children ① absorb their lessons and get them to show initiative. These objectives can be met with 90 minutes of homework a night, but when homework exceeds two or three hours a night, it begins to harm a child's happiness. When ② given excessive amounts of homework, children become anxious, nervous, and even depressed, so they can begin to hate their school. Excessive homework also interferes with extracurricular activities, which are just ③ so important as academic studies. Too much homework makes ④ it difficult for children to engage in these activities.

04
밑줄 친 부분에 들어갈 말로 가장 적절한 것은?

With the economy growth come some severe practical problems, _____ is our transportation system that simply won't be able to be dealt with.

① one of them
② one of which
③ some of whose
④ some of which

05
밑줄 친 부분 중 어법상 옳지 않은 것은?

Korea cannot ① hardly establish its true identify ② unless people feel proud of the national history and culture. Learning history makes ③ it possible ④ for one to have dialogue with the past and the future.

06
밑줄 친 부분에 들어갈 말로 올바르게 짝지어진 것은?

The traditional ways of disposing of the millions of tons of waste _____ by modern cities every day have been either to bury it in landfills, or _____ it in incinerators.

① generated – to burn
② was generated – burning
③ to generate – burnt
④ has generated – burn

03

해석

현재의 아이들의 숙제가 통제에서 벗어나고 있다. 숙제를 하는 취지는 아이들이 학과 수업을 받아들이는 것을 돕고 창의성을 발휘하도록 하는 것이다. 이러한 목적은 매일 밤 90분의 숙제로 달성될 수 있지만, 숙제가 매일 밤 2시간 혹은 3시간을 초과할 때 그것은 아이의 행복을 깨기 시작한다. 과다한 양의 숙제를 받을 때 아이들은 걱정하고, 불안하고, 심지어 의기소침하게 되며, 결국 학교를 싫어하기 시작할 수 있다. 또한 과다한 숙제는 학업만큼 중요한 과외 활동을 방해한다. 너무 많은 숙제는 아이들이 이러한 활동들에 참여하는 것을 어렵게 만든다.

해설

③ 동등비교의 표현으로 'as 원급 as'를 쓸 때, 부정어구가 동반되면 앞의 부사 as를 so로 쓸 수 있다. 이 문장에서는 부정어구가 없으므로 so를 'as'로 바꿔야 한다.
① to부정사에 이어지는 5형식 문장에서 준사역동사 help와 호응하는 목적격보어로 동사원형 absorb가 올바르게 이어졌다.
② 시간 부사절에서 주어와 be동사가 한번에 생략되고 과거분사 given이 남아 있는 구조로서 'they are'가 생략되었다. 어린이들이 과다한 양의 숙제를 '제공받는' 것이므로 수동의 과거분사가 올바르게 왔다.
④ 5형식 문장에서 to부정사를 문장의 끝으로 보내고 그 자리에 가목적어 it이 들어간 구조이다.

정답 ③

05

해석

사람들이 나라의 역사와 문화에 자부심을 느끼지 않는다면 대한민국은 진정한 정체성을 확립할 수가 없다. 역사를 배움으로써 우리는 과거를 이해하고 미래를 설계해 나갈 수 있다.

해설

① hardly는 부정 부사로, 이중부정으로 표현하지 않는다. cannot이 있으므로 삭제해야 한다.
② 조건부사절을 이끄는 접속사로 not의 의미를 포함한다. 뒤에 완전한 절이 올바르게 이어졌고 문맥상 적절하다.
③ 뒤에 이어지는 to have dialogue와 호응하는 가목적어이다.
④ to have dialogue의 의미상의 주어로 올바르게 표현했다.

정답 ①

04

해석

경제적인 성장과 더불어 심각한 실질적인 문제들이 생길 것인데, 그 중의 하나가 우리의 교통 체계이며, 이 문제는 그야말로 쉽게 다룰 수가 없을 것이다.

해설

문장 전체적으로 동사가 3개(come, is, won't be able to be dealt with)이므로 연결사는 두 개가 와야 한다. 관계대명사 that이 있으므로 또 다른 연결사가 필요하고, 연결사가 없는 선택지인 ①은 정답에서 제외된다. 빈칸에 이어진 동사가 is인 것으로 보아 주어는 단수가 되어야 하므로 정답은 one of which이다. and one of them[problems]에서 and와 them을 목적격 관계대명사로 받아 one of which로 전환한 구조이다.

정답 ②

06

해석

현대 도시들에 의해 매일 발생되는 무수한 쓰레기들을 처리하는 전통적인 방법으로는 매립지에 쓰레기를 묻거나 쓰레기 그것을 소각로에서 태우는 것이다.

해설

문장 전체의 본동사가 뒤에 이어지는 have been이므로, 첫 번째 빈칸에는 준동사가 들어가야 한다. generate는 타동사이므로 빈칸에 이어 목적어가 없는 것으로 보아 수동 구조인 과거분사 generated가 적절하다. 두 번째 빈칸은 「either A or B」의 구조로 A에 해당하는 to bury와 병렬구조를 이루어야 하므로 to burn 혹은 to를 생략한 burn이 와야 한다. 따라서 정답은 ①이다.

정답 ①

에듀윌이
너를
지지할게
ENERGY

꿈을 끝까지 추구할 용기가 있다면
우리의 꿈은 모두 실현될 수 있다.

- 월트 디즈니(Walt Disney)

PART

II

어휘

에듀윌 공무원 영어

DAY 01~30

DAY 01 어휘

01
밑줄 친 부분의 의미와 가장 가까운 것은?

> There would be no risk to your company, because we will fully reimburse the cost of returning any goods that remain unsold after one year.

① lessen
② stiffen
③ adjust
④ repay

02
밑줄 친 부분의 의미와 가장 가까운 것은?

> Unlike today's reputation, Manchester City were considered a mediocre team for a long time.

① devoid
② humdrum
③ competent
④ thorough

03
밑줄 친 부분의 의미와 가장 가까운 것은?

> As the world becomes more globalized, people of more diverse religious and cultural backgrounds are coming together, and the future will no doubt call for more of this cultural awareness.

① require
② squander
③ merge
④ affiliate

04
밑줄 친 부분에 들어갈 말로 가장 적절한 것은?

> One day, I got a call _____ from a student, who asked a very simple but profound question.

① out of the blue
② on the whole
③ so to speak
④ in earnest

106 • PART II 어휘

01

해석
1년 후까지도 팔리지 않은 제품에 대해서는 반품 비용을 전적으로 저희가 변상해 드리므로 귀사로서는 어떠한 위험 부담도 따르지 않을 것입니다.

어휘
reimburse 상환하다, 배상하다(repay, indemnify, compensate, remunerate)
lessen 적게 하다, 줄이다(cut, reduce, lower, contract, decline, decrease, shrink, shorten, curtail)
stiffen 경직시키다; 강경하게 하다, 완고하게 하다
adjust 맞추다, 조정하다; 순응하다

정답 ④

02

해석
오늘날의 명성과는 달리, 맨체스터 시티는 오랫동안 평범한 팀으로 여겨졌다.

어휘
mediocre 평범한, 보통의(humdrum, trite, common, ordinary, homely, banal)
devoid 결여된, 없는
competent 유능한, 역량이 있는(effective, able, capable, talented, efficient)
thorough 철저한, 주도면밀한; 완전한, 전적인

정답 ②

03

해석
세계가 점점 세계화됨에 따라, 다양한 종교와 문화적인 배경을 가진 사람들이 함께 모이고 미래는 의심의 여지 없이 이러한 문화적 인식을 더 요구할 것이다.

어휘
call for 요청하다, 간청하다, 애원하다(require, request, implore, entreat, plead, appeal, petition, supplicate, solicit)
squander 낭비하다(waste)
merge 통합하다, 합병하다(affiliate, combine, unite, consolidate, amalgamate)

정답 ①

04

해석
어느 날 나는 한 학생으로부터 갑자기 전화를 받았는데, 그 학생은 간단하지만 심오한 질문을 던졌다.

어휘
out of the blue 느닷없이, 돌연
on the whole 대체로, 전체적으로
so to speak 말하자면
in earnest 진지하게

정답 ①

05

밑줄 친 부분에 들어갈 말로 가장 적절한 것은?

> It is not an affair to be decided offhand or in a(n) _____ fashion due to its direct relationship to national security.

① conspicuous
② implacable
③ impromptu
④ blatant

05

해석
이것은 국가 안보와 직결되는 문제이므로 준비 없이 혹은 즉흥적인 방식으로 결정되는 문제가 아니다.

어휘
affair 문제, 일, 사건
offhand 준비 없이, 즉석에서
impromptu 준비 없는, 즉석[즉흥]의
conspicuous 눈에 띄는, 두드러지는
implacable 무자비한, 달래기 어려운
blatant 노골적인, 뻔뻔스러운(shameless, presumptuous, impudent)

정답 ③

06

밑줄 친 부분에 들어갈 말로 가장 적절한 것은?

> Blogging has become a popular pastime for many as it provides an outlet to be creative, _____, and connected.

① frustrated
② implicit
③ outspoken
④ inactive

06

해석
블로그를 하는 것은 많은 사람들에게 인기 있는 오락거리가 되었는데, 이것이 창의적이고, 솔직하고, 사람들과 연결되기 위한 표현 수단을 제공하기 때문이다.

어휘
outspoken 솔직한, 기탄없는(frank, candid, honest, plain, straightforward, transparent)
frustrated 낙담한, 좌절한
implicit 함축적인, 은연중의
inactive 소극적인, 수동적인(passive)

정답 ③

DAY 02 어휘

01
밑줄 친 부분의 의미와 가장 가까운 것은?

> Korea is still very influential in the eSports industry today, as it boasts a widespread audience, generous sponsorships, and the best players in the world.

① potent
② reserved
③ intuitive
④ avaricious

01
해석
한국은 폭넓은 관중, 넉넉한 스폰서, 그리고 세계에서 최고의 선수들을 자랑하며 여전히 온라인 스포츠 산업계에서 매우 영향력이 있다.

어휘
influential 영향력 있는, 유력한(potent)
reserved 말이 없는, 내성적인(quiet, shy, introverted, diffident)
intuitive 직관력 있는
avaricious 탐욕스러운(greedy, voracious, rapacious, gluttonous, insatiable, covetous, ravenous)

정답 ①

02
밑줄 친 부분의 의미와 가장 가까운 것은?

> We all must join forces to avert generational conflict in rapid aging society.

① avoid
② construe
③ abate
④ repel

02
해석
우리는 급속하게 고령화 되어 가고 있는 사회에서 발생할 수 있는 세대 간 갈등을 피하기 위해 함께 노력해야 한다.

어휘
conflict 갈등, 분쟁, 대립
avert 피하다, 회피하다(avoid, evade, elude, dodge, eschew, shun, circumvent)
construe 해석하다, 설명하다(interpret, explicate, elucidate, expound, explain)
abate 완화하다(ease, relieve, alleviate, mitigate)
repel 쫓아버리다, 격퇴하다

정답 ①

03

밑줄 친 부분의 의미와 가장 가까운 것은?

> UN Secretary-General delivered a speech at the summit about the importance of international cooperation in efforts to ward off global warming.

① keep up
② keep away
③ take over
④ take after

04

밑줄 친 부분에 들어갈 말로 가장 적절한 것은?

> Being a regular member on four highly popular entertainment shows, it has been reported that the comedian didn't have enough time for _____ nutrition or rest.

① barren
② indigenous
③ improper
④ adequate

05

밑줄 친 부분에 들어갈 말로 가장 적절한 것은?

> Today students may not be able to find or _____ time for reading because they are preoccupied with texting or surfing the Internet.

① pick out
② bring about
③ set aside
④ bring forth

06

밑줄 친 부분에 들어갈 말로 가장 적절한 것은?

> Formaldehyde, often known as formalin, is a toxic chemical highly _____ to the human body.

① tentative
② perpetual
③ thorough
④ hazardous

03
해석
UN 사무총장이 지구온난화를 <u>막기</u> 위한 국제적 협력의 중요성에 대해 정상 회담에서 연설했다.

어휘
ward off 보호하여 떼어내다, 막다
keep away 떨어지게 하다, 피하다
keep up 유지하다, 계속하다
take over 인계받다, 떠맡다
take after 닮다, 흉내내다; 추적하다

정답 ②

04
해석
네 곳의 유명한 연예 프로그램에서 고정적 멤버가 되면서, 그 코미디언이 <u>적절한</u> 영양과 휴식을 위한 충분한 시간을 갖지 못했다고 언론이 보도했다.

어휘
adequate 적당한(proper, appropriate, suitable); 충분한
barren 불모인, 열매를 맺지 못하는(desolate, infertile, sterile)
indigenous 고유의, 토착의(native)
improper 타당치 않은, 부적절한

정답 ④

05
해석
오늘날, 학생들은 문자를 주고받거나 인터넷 검색에 열중한 나머지 독서를 위한 시간을 찾거나 시간을 낼 수 없을지도 모른다.

어휘
preoccupied 열중한, 몰두한(obsessed, engrossed)
set aside 떼어놓다; 제쳐놓다; 무시하다
pick out ~을 골라내다; 분간하다, 식별하다; 이해하다
bring about 가져오다, 초래하다
bring forth ~을 산출하다; (아이를) 낳다; 제출하다

정답 ③

06
해석
포르말린이라고 알려져 있는 포름알데히드는 인체에 매우 <u>위험한</u> 유독 화학물질이다.

어휘
hazardous 위험한(dangerous, risky, perilous, precarious, menacing, threatening, jeopardous)
tentative 잠정적인, 임시의(temporary, provisional, interim)
perpetual 영구적인, 영원한(eternal, everlasting, permanent)
thorough 철저한; 완전한

정답 ④

DAY 03 어휘

01
밑줄 친 부분의 의미와 가장 가까운 것은?

> Fans are torn on whether they should celebrate or denounce the couple's relationship.

① liberate
② deny
③ criticize
④ circumscribe

02
밑줄 친 부분의 의미와 가장 가까운 것은?

> Since its inception, Toms Shoes has provided over 10 million pairs of shoes to needy children in the world.

① pragmatic
② flawless
③ appropriate
④ indigent

03
밑줄 친 부분의 의미와 가장 가까운 것은?

> According to gamers, there is a tremendous number of users online and the game server is currently breaking down.

① prevalent
② ethnic
③ strenuous
④ enormous

04
밑줄 친 부분에 들어갈 말로 가장 적절한 것은?

> We must not _____ the North's nuclear threats nor should we be shaken by its bellicose threats.

① call for
② dispose of
③ abound in
④ make light of

01

해석

팬들은 그 커플의 관계를 축하해야 할지 또는 비난해야 할지에 대하여 분열되었다.

어휘

denounce 비난하다(criticize, condemn, reprimand, blame, accuse, rebuke, censure, reprove, reprehend, reproach)
liberate 해방하다, 석방하다(free, set free, release, emancipate, unbind, disengage)
deny 부인하다(repudiate, negate)
circumscribe 제한하다, 억제하다(restrict, limit, confine, restrain)

정답 ③

02

해석

설립 이래로, Toms Shoes는 세계의 가난한 어린이들에게 천만 켤레가 넘는 신발을 제공해 왔다.

어휘

needy 빈곤한, 궁핍한(indigent, penniless, destitute, poor, penurious, impoverished, impecunious, poverty-stricken)
pragmatic 실용적인, 실용주의의(effective, useful, practical, realistic, utilitarian)
flawless 흠 없는, 결점 없는(complete, perfect)
appropriate 적절한, 적당한(fit, suitable, proper, adequate, relevant, pertinent)

정답 ④

03

해석

게이머들에 따르면, 온라인에 엄청난 수의 유저들이 있고 이 게임 서버는 현재 다운되었다.

어휘

tremendous 엄청난, 대단한(enormous, amazing, stupendous, incredible, immense, huge, prodigious)
prevalent 널리 퍼진, 만연한(widespread, rampant, prevailing)
ethnic 민족의
strenuous 활발한; 고생스러운(hard, difficult, tough, laborious, arduous, toilsome, demanding)

정답 ④

04

해석

우리는 북한의 위협을 가볍게 여겨서도 안 되지만 호전적인 위협에 흔들려서도 안 된다.

어휘

bellicose 호전적인
make light of ~을 경시하다, 얕보다
call for 요구하다
dispose of 처분하다, 처리하다
abound in ~가 풍부하다, 아주 많다

정답 ④

05

밑줄 친 부분에 들어갈 말로 가장 적절한 것은?

> Michelin's inspectors are completely _____, and chefs don't even know when these inspectors come to review their restaurants.

① anonymous
② antonymous
③ synonymous
④ unanimous

05

해석
미슐랭의 조사관들은 완전히 익명이며, 셰프들도 언제 이 조사관들이 그들의 음식점을 평가하러 오는지 알 수 없다.

어휘
inspector 조사관, 검사관
anonymous 익명의(nameless, unknown, incognito)
antonymous 반의어의
synonymous 동의어의
unanimous 만장일치의, 합의의

정답 ①

06

밑줄 친 부분에 들어갈 말로 가장 적절한 것은?

> We can choose to start to take climate change seriously, and significantly cut and _____ our greenhouse gas emissions.

① mitigate
② evade
③ insulate
④ provoke

06

해석
우리는 기후 변화를 심각하게 받아들이기 시작하고 온실가스 배출을 크게 줄이고 완화하기로 선택할 수 있다.

어휘
mitigate 완화시키다(ease, relieve, lessen, abate, soothe, appease, allay, assuage, pacify, mollify, placate)
evade 피하다(avoid, shun, dodge, elude, eschew, circumvent)
insulate 절연[단열]하다; 분리[격리]하다
provoke 자극하다; 성나게 하다

정답 ①

DAY 04 어휘

01
밑줄 친 부분의 의미와 가장 가까운 것은?

> Instead of bickering over the small details and the wins and losses of each side, South Korea and the U.S. should hurry up and sign.

① arguing
② revising
③ dwindling
④ supervising

01
해석
한국과 미국은, 사소한 세부사항과 양측의 이득과 손실을 놓고 논쟁하는 대신에, 서둘러 서명을 해야 한다.

어휘
bicker 말다툼하다, 언쟁하다(argue, altercate, wrangle, dispute, controvert)
revise 개정하다, 수정하다(change, correct, alter, modify, rectify, amend, revamp)
dwindle 줄어들다; 쇠퇴하다
supervise 감독하다, 지시하다

정답 ①

02
밑줄 친 부분의 의미와 가장 가까운 것은?

> A parent complained that school teachers seem to be indifferent to students these days.

① reciprocal
② candid
③ arrogant
④ callous

02
해석
한 부모는 요즘 교사들이 학생들에게 무관심해 보인다고 불평했다.

어휘
indifferent 무관심한, 냉담한(callous, aloof, apathetic, nonchalant)
reciprocal 상호의(mutual, bilateral)
candid 솔직한, 정직한(frank, honest, plain, straightforward, ingenuous, outspoken)
arrogant 오만한, 건방진(insolent, conceited, haughty, pompous)

정답 ④

03
밑줄 친 부분의 의미와 가장 가까운 것은?

> To make up for its inability to fly, the animal uses its strong, sturdy legs to climb trees and navigate the forest.

① manifest
② vulnerable
③ robust
④ sporadic

04
밑줄 친 부분에 들어갈 말로 가장 적절한 것은?

> The designer was _____ by many for making ceaseless efforts to introduce the nation's unique fashion and culture to the world.

① repudiated
② amalgamated
③ mocked
④ lauded

05
밑줄 친 부분에 들어갈 말로 가장 적절한 것은?

> They hope that the minister will work with other financial specialists and not make _____ decisions on his own.

① complete
② arbitrary
③ innocent
④ benevolent

06
밑줄 친 부분에 들어갈 말로 가장 적절한 것은?

> These products contain flour, thickeners, salt, or sugar to _____ the lack of fat and to improve flavor.

① look into
② make up for
③ look after
④ make up with

03
해석
날지 못하는 무능력함을 보완하기 위해, 그 동물은 나무를 오르고 숲에서 길을 찾기 위해 그것의 강하고, 튼튼한 다리를 사용한다.

어휘
sturdy 튼튼한(robust, strong, hardy, stout)
manifest 명백한, 분명한(obvious, apparent, transparent, overt, definite, tangible, explicit, palpable); 명시하다
vulnerable 취약한, 영향받기 쉬운
sporadic 산발적인, 이따금 일어나는(irregular, occasional, intermittent, infrequent)

정답 ③

04
해석
그 디자이너는 그 나라의 독특한 패션과 문화를 세계에 소개하는 끊임없는 노력을 함으로써 많은 이들에게 칭송받았다.

어휘
ceaseless 끊임없는
laud 찬양[칭송]하다(praise, admire, applaud, eulogize)
repudiate 부인하다, 거절하다(deny, refuse, reject)
amalgamate 혼합[융합]시키다; 합병하다(unite, combine, incorporate, consolidate, merge, affiliate)
mock 경시하다(despise, scorn, disdain, disparage)

정답 ④

05
해석
그들은 그 장관이 혼자서 독단적인 결정을 내리지 않고 다른 금융 전문가들과 함께 협력하기를 바란다.

어휘
arbitrary 독단적인, 제멋대로의; 임의의
complete 흠 없는, 완전한(flawless, perfect)
innocent 순진한; 죄가 없는
benevolent 자비심이 많은, 선의의(charitable)

정답 ②

06
해석
이 제품들은 지방 부족을 보충하고 풍미를 향상시키기 위해 밀가루, 증점제, 소금 또는 설탕을 함유하고 있다.

어휘
make up for 보충하다; 보상하다
look into 조사하다, 살펴보다
look after 돌봐주다, 보살피다
make up with ~와 화해하다

정답 ②

DAY 05 어휘

01
밑줄 친 부분의 의미와 가장 가까운 것은?

> North Korea has rich and abundant natural resources, whereas South Korea has highly developed technology.

① intrepid
② affluent
③ discrepant
④ provisional

02
밑줄 친 부분의 의미와 가장 가까운 것은?

> Such efforts by firearms-lobbying groups have helped to lower the hunting age from 12 to 10 in Wisconsin and repeal the age limit in Michigan.

① discern
② summon
③ abolish
④ retain

03
밑줄 친 부분의 의미와 가장 가까운 것은?

> The justice said the former President refused to "cooperate with investigations" to lay bare the truth.

① abridge
② divulge
③ reward
④ undo

04
밑줄 친 부분에 들어갈 말로 가장 적절한 것은?

> With alarmingly high suicide rates in competitive countries like South Korea, the immense stress on students to reach unrealistic goals have been nothing but _____.

① imminent
② detrimental
③ impending
④ prodigious

01

해석
북한은 많고 풍부한 천연자원을 가지고 있는 반면, 한국은 고도로 발전된 기술을 가지고 있다.

어휘
abundant 풍부한, 많은(affluent, innumerable, copious, ample, plentiful, opulent, profuse)
intrepid 대담한, 용기 있는(brave, resolute, bold, daring, courageous, fearless, valiant, dauntless, audacious)
discrepant 일치하지 않는, 모순되는(conflicting, inconsistent, contradictory, ambivalent, dissonant, incompatible, incongruous)
provisional 임시의, 잠정적인(temporary, interim, tentative, makeshift, ad hoc)

정답 ②

02

해석
이런 총기 업계의 로비로 위스콘신 주는 사냥 허용 연령을 12세에서 10세로 낮췄고 미시간 주는 연령 제한을 철회했다.

어휘
repeal 폐지하다, 철회하다(abolish, discontinue, revoke, withdraw, annul, abrogate, do away with)
discern 식별하다, 분간하다(discriminate, distinguish)
summon 소환하다, 호출하다
retain 보유하다, 간직하다(have, own, hold, keep)

정답 ③

03

해석
재판관은 전(前) 대통령이 진실을 드러내기 위해 '수사에 협조하는 것'을 거부하였다고 말하였다.

어휘
investigation 조사, 연구, 수사
lay bare 폭로하다, 털어 놓다(divulge, reveal, unveil, disclose)
abridge 요약하다, 축약하다(shorten, curtail, summarize, abbreviate)
reward 보상하다, 보답하다(repay, reciprocate, remunerate)
undo 원상태로 돌리다; 풀다

정답 ②

04

해석
자살률이 대단히 높은 한국과 같은 경쟁이 심한 국가들에서, 비현실적인 목표들을 성취하기 위해 학생들에게 쏟아지는 과도한 스트레스는 오직 해로울 뿐이다.

어휘
alarmingly 놀랍게도
suicide 자살, 자멸
immense 굉장한, 막대한
nothing but 단지 ~뿐
detrimental 해로운(fatal, lethal, noxious, pernicious, injurious, deleterious, nocuous, harmful, poisonous, venomous)
imminent 임박한(impending, upcoming, approaching)
prodigious 거대한, 막대한(enormous, vast, huge, giant, massive, incredible, tremendous, immense, mammoth, gigantic, colossal)

정답 ②

05

밑줄 친 부분에 들어갈 말로 가장 적절한 것은?

> Since the air-conditioners are being repaired now, the office workers have to _____ electric fans for the day.

① get rid of
② let go of
③ make do with
④ break up with

05

해석

에어컨이 지금 수리 중에 있으므로 사무실 직원들은 그날은 전기 선풍기로 임시변통해야만 한다.

어휘

make do with ~으로 임시변통하다, 때우다
get rid of ~을 제거하다, 삭제하다
let go of ~을 놓아주다
break up with ~와 관계를 끊다, ~와 헤어지다

정답 ③

06

밑줄 친 부분에 들어갈 말로 가장 적절한 것은?

> Major foreign companies operating in Korea seem _____ when it comes to corporate social responsibility, inviting criticism of hiding and doing little for Korean society.

① prevalent
② indifferent
③ devastating
④ refutable

06

해석

한국에서 활동하는 주요 외국 기업들은 기업의 사회적 책임에 대해 무관심한 것처럼 보이며, 숨은 채로 한국 사회를 위해 거의 아무것도 하지 않는다는 비판을 불러일으킨다.

어휘

indifferent 무관심한, 냉담한(callous, aloof, detached, apathetic, nonchalant)
prevalent 널리 퍼진, 만연한(ubiquitous, pervasive, omnipresent, widespread, rampant)
devastating 파괴적인, 황폐시키는(disastrous, catastrophic, destructive, damaging)
refutable 반박[논박]할 수 있는

정답 ②

DAY 06 어휘

01
밑줄 친 부분의 의미와 가장 가까운 것은?

> As good table manners give a good impression to others, it is necessary for people to learn and develop <u>appropriate</u> table manners.

① insane
② opaque
③ pertinent
④ composed

01
해석
좋은 식사 예절은 타인에게 좋은 인상을 주기 때문에, 사람들이 적절한 식사 예절을 배우고 개발시키는 것은 필요하다.

어휘
appropriate 적절한, 적당한(pertinent, fit, proper, suitable, relevant, adequate)
insane 미친, 정신 이상의(crazy, mad, lunatic, demented)
opaque 불투명한, 불명료한
composed 차분한, 침착한(still, calm, quiet, sedate, placid, tranquil, serene); 작성된

정답 ③

02
밑줄 친 부분의 의미와 가장 가까운 것은?

> Trade during the Renaissance period began to <u>highlight</u> the importance of foreign languages for negotiation.

① emphasize
② embargo
③ empathize
④ endorse

02
해석
르네상스 시기의 무역은 협상을 위한 외국어의 중요성을 강조하기 시작했다.

어휘
negotiation 협상, 교섭
highlight 강조하다(emphasize, accentuate, stress, underline)
embargo 통상을 정지시키다, 입출항을 금지시키다; 통상금지
empathize 감정이입을 하다, 공감하다
endorse 승인하다(accept, recognize, admit, approve, acknowledge, sanction, authorize, ratify); (어음 등에) 배서하다

정답 ①

03
밑줄 친 부분의 의미와 가장 가까운 것은?

> The electron microscope fires electrons which creates images which can magnify things by as much as a million times.

① deceive
② enlarge
③ abuse
④ stress

04
밑줄 친 부분에 들어갈 말로 가장 적절한 것은?

> Anger can be a good thing because it helps you _____ yourself when you are treated unfairly.

① account for
② put an end to
③ stand up for
④ get rid of

05
밑줄 친 부분에 들어갈 말로 가장 적절한 것은?

> Jean Valjean was redeemed through the power of love, while Javert was obsessed with _____ justice and killed himself toward the end of the novel.

① merciless
② invisible
③ hospitable
④ fraudulent

06
밑줄 친 부분에 들어갈 말로 가장 적절한 것은?

> If you force a student to learn a language that they do not wish to learn, that student may become _____ and not actually learn the language.

① resentful
② favorable
③ respectable
④ convincing

03

해석

전자현미경은 전자를 쏘아 영상을 만들고, 그 영상은 물체를 백만 배까지 확대할 수 있다.

어휘

magnify 확대하다(enlarge, expand, amplify)
deceive 속이다, 현혹하다(beguile, take in)
abuse 남용하다; 학대하다
stress 강조하다(underline, highlight, emphasize)

정답 ②

04

해석

화는 여러분이 부당하게 대우를 받았을 때 스스로를 옹호할 수 있도록 도와주기 때문에 화를 내는 것은 좋은 것일 수도 있다.

어휘

stand up for ~을 옹호하다, 지지하다
account for ~을 차지하다; 설명하다
put an end to ~에 종지부를 찍다, 폐지하다
get rid of ~을 제거하다

정답 ③

05

해석

장발장이 사랑의 힘으로 절망에서 정신적 구원을 받은 반면에, 무자비한 정의에 집착한 자베르는 소설 막바지에 자살했다.

어휘

merciless 무자비한, 가차 없는(relentless, ruthless)
invisible 눈에 보이지 않는
hospitable 환대하는
fraudulent 사기의, 사기 치는(fake, dishonest, bogus, deceitful)

정답 ①

06

해석

만일 어떤 학생이 학습하고 싶어 하지 않는 언어를 배운다면, 그 학생은 분개하게 될 것이고 그 언어를 사실상 학습하지 않을 수도 있다.

어휘

resentful 분개한(angry, mad, furious, indignant, vexed, irritated, annoyed, enraged, infuriated, incensed, exasperated, exacerbated, provoked)
favorable 유리한; 호의적인, 찬성하는
respectable 존경할 만한, 훌륭한
convincing 설득력 있는(persuasive, cogent)

정답 ①

DAY 07 어휘

01
밑줄 친 부분의 의미와 가장 가까운 것은?

> Uniforms eliminate the distinctions between socioeconomic classes because everyone dresses the same.

① extricate
② remove
③ pretend
④ warrant

02
밑줄 친 부분의 의미와 가장 가까운 것은?

> I am a little shy and afraid of strangers, but once I become close to people I can become talkative.

① harmful
② innocuous
③ loquacious
④ desperate

03
밑줄 친 부분의 의미와 가장 가까운 것은?

> "Japan will never be able to hide from the historical truth. It should learn from Germany and regret its past wrongdoings," he said.

① recur
② repent
③ jeopardize
④ observe

04
밑줄 친 부분에 들어갈 말로 가장 적절한 것은?

> People should refrain from clicking on random links on the Internet, as these may also contain _____ programs.

① malicious
② subtle
③ urgent
④ portable

01

해석
교복은 모두가 같은 옷을 입기 때문에 사회경제적인 계급 사이에 차이를 없애준다.

어휘
socioeconomic 사회경제적인
eliminate 없애다, 제거하다(remove, efface, delete, erase, eradicate, obliterate, expunge)
extricate 탈출시키다, 구출하다, 해방하다
pretend 가정하다, ~인 척하다
warrant 보장하다; 정당화하다; 영장

정답 ②

02

해석
나는 살짝 수줍음이 있고 낯선 사람들을 두려워하지만, 일단 사람들과 가까워지면 수다스러워진다.

어휘
talkative 말이 많은, 수다스러운(loquacious, wordy, verbose, garrulous, redundant, prolix)
harmful 해로운, 유해한(deadly, fatal, lethal, noxious, venomous, injurious, detrimental, poisonous, deleterious)
innocuous 무해한, 무독한(harmless)
desperate 자포자기의; 절망적인

정답 ③

03

해석
"일본은 결코 역사적 진실을 숨기지 못할 것입니다. 일본은 독일로부터 배워 과거의 잘못된 행위들을 뉘우쳐야 합니다"라고 그는 말했다.

어휘
regret 후회하다, 뉘우치다(repent)
recur 되풀이되다, 반복되다(repeat, reiterate, iterate)
jeopardize 위태롭게 하다(risk, threaten, endanger, imperil)
observe 관찰[관측]하다; 준수하다, 지키다(follow, obey, comply with, abide by)

정답 ②

04

해석
사람들은 인터넷에서 임의의 링크를 클릭하는 것을 삼가야 하는데, 이들 링크들 또한 악성 프로그램을 포함하고 있을 수 있기 때문이다.

어휘
malicious 유해한, 악의 있는(spiteful, harmful, venomous, noxious, nocuous, malignant, baneful)
subtle 미묘한
urgent 긴급한, 긴박한(emergent)
portable 휴대용의

정답 ①

05

밑줄 친 부분에 들어갈 말로 가장 적절한 것은?

> Five medical organizations and civic groups have come together in protest of the new measure, which they say will allow hospitals to _____ patients' medical records without being monitored.

① censure
② divulge
③ annull
④ crave

05

해석

5개의 의료 기관들과 시민 단체들은 새로운 법안에 대해 병원들이 환자의 의료기록을 확인 절차 없이 누설할 수 있다며 이 법안에 대해 이의를 제기하였다.

어휘

divulge 누설하다, 폭로하다(reveal, unveil, uncover, disclose)
censure 비난하다(criticize, condemn, accuse, denounce, reprimand, rebuke, reproach)
annul 무효로 하다, 취소하다, 폐지하다(cancel, withdraw, scrap, abolish, repeal, nullify, retract, revoke, invalidate, abrogate)
crave 갈망하다, 열망하다(want, long, seek)

정답 ②

06

밑줄 친 부분에 들어갈 말로 가장 적절한 것은?

> While U.S. media have used _____ expressions, British media outlets are criticizing North Korea.

① satisfactory
② depressed
③ cautious
④ confident

06

해석

미국 언론은 신중한 표현을 쓰는 반면 영국 언론은 북한을 맹비난하고 있다.

어휘

cautious 신중한, 조심[주의]하는(careful, attentive, wary, deliberate, thoughtful, prudent, considerate, meticulous, discreet, judicious, heedful, advertent, vigilant, scrupulous, circumspect)
satisfactory 만족스러운(gratifying)
depressed 우울한
confident 자신 있는; 확신하는

정답 ③

DAY 08 어휘

01
밑줄 친 부분의 의미와 가장 가까운 것은?

> If observations <u>confirm</u> the scientists' predictions, the theory is supported.

① exasperate
② collaborate
③ exacerbate
④ corroborate

01
해석
관찰의 결과가 과학자의 예측을 <u>확증하면</u>, 그 이론은 지지를 받는다.

어휘
confirm 입증[확증]하다(corroborate, verify, prove)
exasperate 악화시키다(exacerbate, worsen, aggravate, deteriorate); 분개시키다(irritate, annoy, provoke, resent, infuriate, vex)
collaborate 협력하다, 공동으로 하다(cooperate)

정답 ④

02
밑줄 친 부분의 의미와 가장 가까운 것은?

> As many of you know, individuals <u>afflicted</u> with ADHD have learning disabilities.

① troubled
② dispersed
③ prosecuted
④ dispensed

02
해석
여러분들이 아시다시피 주의력 결핍 장애로 <u>고통 받는</u> 사람들은 학습 장애가 있다.

어휘
ADHD 주의력 결핍 과잉 행동 장애(attention deficit hyperactivity disorder)
afflict 괴롭히다(trouble, bully, torment, annoy, irritate, torture, harass, molest, tease, excruciate, persecute)
disperse 흩어지게 하다, 분산시키다(scatter); 퍼뜨리다, 전파하다 (spread, distribute, diffuse, circulate, disseminate)
prosecute 기소하다, 고소하다
dispense 분배하다; (약을) 조제하다; (자동판매기 등이) 내놓다

정답 ①

03

밑줄 친 부분의 의미와 가장 가까운 것은?

> Religious freedom was so essential to the American democracy that the founding fathers included it in the U.S. Constitution.

① risky
② momentous
③ clumsy
④ adept

04

밑줄 친 부분에 들어갈 말로 가장 적절한 것은?

> "Keeping up with the Joneses," is an idiom in English that _____ the phenomenon of people trying to match what other people in their society have or do.

① refers to
② lets down
③ waits on
④ turns in

05

밑줄 친 부분에 들어갈 말로 가장 적절한 것은?

> The corporation is certainly reluctant to build a casino in the UK while the laws surrounding gaming are so _____.

① ethical
② illiterate
③ ambiguous
④ unparalleled

06

밑줄 친 부분에 들어갈 말로 가장 적절한 것은?

> Some believe that some day, humanlike robots will _____ human intelligence and act like humans.

① comprehend
② investigate
③ effect
④ invade

03

해석
종교의 자유는 미국 민주주의에 너무 중요한 요소여서 미국 헌법 제정자들은 이를 헌법에 포함시켰다.

어휘
essential 불가결한, 중요한(momentous, vital, important, critical, crucial, consequential, fundamental, pivotal); 근본적인, 기본적인
risky 위험한(dangerous, threatening, perilous, hazardous, menacing, precarious)
clumsy 서투른, 손재주가 없는(awkward, inept, unskillful, maladroit, inapt, all thumbs)
adept 손재주가 있는, 능숙한(skillful, adroit, versed, dextrous)

정답 ②

04

해석
"존스가(家) 따라잡기"는 사람들이 자신들의 사회에서 다른 사람들이 가지거나 하는 것에 맞먹기 위해 노력하는 현상을 언급하는 영어 속담이다.

어휘
refer to ~을 말하다, 언급하다
let down 실망시키다; 늦추다; 감소시키다
wait on 시중들다; 응대하다
turn in ~을 제출하다; 반환하다

정답 ①

05

해석
도박에 관한 법률이 상당히 모호한 탓에, 그 회사는 영국에 카지노를 세우는 것을 틀림없이 망설이고 있다.

어휘
ambiguous 막연한, 불분명한(unclear, vague, uncertain, obscure, nebulous, equivocal)
ethical 윤리적인
illiterate 문맹의, 읽고 쓸 줄 모르는
unparalleled 비할 데 없는, 전대미문의(unprecedented)

정답 ③

06

해석
어떤 사람들은 언젠가 인간과 같은 로봇들이 인간의 지능을 이해하고 인간과 같이 행동할 것이라고 믿는다.

어휘
comprehend 이해하다(understand, apprehend, grasp, make out); 내포하다, 포함하다
investigate 조사하다(survey, examine, probe, inspect, scrutinize, interrogate, look over, look into, pore over)
effect 초래하다; 결과, 영향; 효과, 효력
invade 침해하다(violate, breach, infringe, intrude, encroach); 침입하다

정답 ①

DAY 09 어휘

01
밑줄 친 부분의 의미와 가장 가까운 것은?

> Our busy and hardworking astronauts risk their lives and comfort for the sake of science and humanity.

① industrious
② outgoing
③ diurnal
④ nocturnal

03
밑줄 친 부분의 의미와 가장 가까운 것은?

> When you're a latecomer to a language, what happens is you live there with a continuous and perpetual frustration.

① permanent
② inborn
③ disputable
④ resonable

02
밑줄 친 부분의 의미와 가장 가까운 것은?

> The National Police Agency's Internet crime unit has confirmed that Google's high-flying Street View service has violated the nation's Internet privacy laws.

① enrolled
② indicted
③ infringed
④ crooked

04
밑줄 친 부분에 들어갈 말로 가장 적절한 것은?

> Webster's dictionary defines the word "awesome" as fear mingled with admiration or _____, a feeling produced by something majestic.

① exoneration
② shortcoming
③ reverence
④ drawback

01

해석
우리의 바쁘고 근면한 우주비행사들은 과학과 인류를 위해 그들의 생명과 편안함을 희생하고 있다.

어휘
hardworking 부지런히 일하는, 근면한(industrious, diligent, laborious, assiduous)
outgoing 사교적인(sociable, friendly, gregarious); 떠나가는
diurnal 주간의, 낮의
nocturnal 야행성의; 밤의

정답 ①

02

해석
경찰청 인터넷 범죄부서는 구글이 자랑하는 스트리트뷰 서비스가 우리나라 인터넷 사생활 법을 위반했다고 확인했다.

어휘
violate 위반하다, 침해하다(infringe, break, contravene, breach, encroach, trespass)
enroll 등록하다; 입대하다
indict 비난[공격]하다; 기소[고발]하다
crook 구부리다, 만곡시키다(bend, curve)

정답 ③

03

해석
하나의 언어를 늦게 배울 때 여러분은 지속적이면서 끊임없는 당황스러움 속에서 살아가게 된다.

어휘
perpetual 영구적인, 영원한, 끊임없는(eternal, permanent, everlasting, immortal)
inborn 타고난, 선천적인(native, inherent, innate, intrinsic)
disputable 논쟁의 여지가 있는; 불확실한(uncertain, doubtful, dubious)
reasonable 합리적인, 이성적인(rational, logical)

정답 ①

04

해석
웹스터 사전은 "awesome"을 '존경과 숭배의 감정이 섞인 두려움', '장엄한 것으로부터 생기는 감정'이라고 정의한다.

어휘
mingle 어울리다, 섞이다
majestic 장엄한, 위엄 있는
reverence 존경, 숭배(respect, veneration, esteem, worship, homage)
exoneration 면죄, 면책
shortcoming 단점, 결점(drawback, fault, weakness, defect, flaw, blemish)

정답 ③

05

밑줄 친 부분에 들어갈 말로 가장 적절한 것은?

> Korea cannot raise its low birth rate without expanding childbirth assistance to ensure that pregnancy is considered a blessing rather than a curse, and to create an environment in which families can _____ children without worry.

① tolerate
② bolster
③ retard
④ rear

05

해석
임신이 저주가 아니라 축복이 되고 가정이 걱정 없이 자녀들을 양육할 수 있는 환경을 만들기 위한 출산 지원을 확대하지 않으면 대한민국은 낮은 출산율을 올릴 수 없다.

어휘
curse 저주, 욕설; 걱정
rear 양육하다(bring up, foster, cultivate, breed, nurture, raise); 뒤의(hind)
tolerate 참다, 견디다(endure, withstand, bear, put up with)
bolster 지지하다
retard 더디게 하다, ~을 늦추다(delay)

정답 ④

06

밑줄 친 부분에 들어갈 말로 가장 적절한 것은?

> The new railroad is also expected to lead to improved logistics conditions by _____ chronically heavy freight transportation loads.

① simulating
② diffusing
③ undoing
④ startling

06

해석
새 철도는 고질적인 물류 부담을 분산시킴으로써 물류 상황을 개선시켜 줄 것으로 기대되고 있다.

어휘
diffuse 흩뜨리다, 확산하다; 퍼뜨리다, 유포시키다(distribute, spread, circulate, disseminate, disperse)
simulate ~인 체하다, 가장하다; 흉내내다; 모의실험을 하다
undo 원상태로 돌리다; 풀다, 끄르다; 제거[폐지]하다; 몰락하게 하다
startle 깜짝 놀라게 하다(surprise, amaze, stun, astonish, astound)

정답 ②

DAY 10 어휘

01

밑줄 친 부분의 의미와 가장 가까운 것은?

> A nationwide scholastic achievement test among school children shows the wide divide between schools in affluent districts and those in poor areas.

① wealthy
② bitter
③ noteworthy
④ meager

01

해석
초등학생들 사이에 실시된 전국 학업성취도 평가는, 부유한 지역과 가난한 지역 학교 사이에 격차가 크다는 것을 보여준다.

어휘
affluent 부유한(wealthy, rich, opulent, well-off)
bitter 쓴, 씁쓸한
noteworthy 주목할 만한, 현저한(unusual, marked, remarkable, notable, noticeable, conspicuous)
meager 빈약한, 메마른, 결핍한

정답 ①

02

밑줄 친 부분의 의미와 가장 가까운 것은?

> In 1600, the Ottoman Empire controlled almost all the Middle East, the Ming Dynasty ruled China, and the Mughal Empire held sway over India.

① dominated
② inferred
③ rehabilitated
④ evanesced

02

해석
1600년에, 오스만 제국은 중동의 거의 모든 지역을 장악했고, 명 왕조는 중국을 통치했으며, 무굴 제국은 인도를 지배했다.

어휘
hold sway over 지배하다(dominate, control, manage, lay hold on)
infer 추론하다, 추측하다(deduce, reason)
rehabilitate 갱생시키다, 회복시키다
evanesce 증발하다, 사라지다(disappear, fade, evaporate, vanish)

정답 ①

03
밑줄 친 부분의 의미와 가장 가까운 것은?

> Figure skater Nathan Chen's performance during the 2022 Beijing Olympics was matchless.

① persuasive
② curious
③ peerless
④ intoxicated

04
밑줄 친 부분에 들어갈 말로 가장 적절한 것은?

> Education officials state that when students _____, they are not only lying to their school, they are cheating themselves out of a learning experience.

① revenge
② seclude
③ plagiarize
④ condone

05
밑줄 친 부분에 들어갈 말로 가장 적절한 것은?

> An official from the Ministry of National Defense expressed _____ stating that the actor and singer should not have spent time on any profit driven activities during his military service.

① intimidation
② summary
③ attraction
④ indignation

06
밑줄 친 부분에 들어갈 말로 가장 적절한 것은?

> The most influential person Nick comes across while staying in New York is Jay Gatsby, his wealthy neighbor known for his _____ parties and mysterious past.

① identical
② lavish
③ vacant
④ specialized

03

해석
2022 베이징 올림픽에서 피겨 스케이팅 선수인 Nathan Chen의 연기는 독보적이었다.

어휘
matchless 상대가 없는(peerless, unrivaled, unparalleled, unmatched, unprecedented, unequaled, incomparable, unsurpassed, unexampled)
persuasive 설득력이 있는(convincing, forceful, cogent)
curious 탐구적인, 호기심이 많은(inquiring, inquisitive)
intoxicated 술 취한(drunk, under the influence); 흥분한, 들떠있는

정답 ③

04

해석
교육 관계자들은 학생들이 표절 행위를 할 때 그들은 그들의 학교에 거짓말을 할 뿐만 아니라, 배우는 경험으로부터 벗어나 (배움에 어긋나는 행위로) 그들 자신을 속이는 것이라고 말한다.

어휘
plagiarize 표절하다(pirate)
revenge 보복하다(retaliate, avenge)
seclude 은둔시키다, 고립시키다; 격리하다(separate, alienate)
condone 용서하다, 눈감아주다(forgive, pardon)

정답 ③

05

해석
국방부 관계자는 이 배우이자 가수가 병역을 치르는 동안 이익을 수단으로 하는 어떤 활동에도 시간을 보내서는 안 되었다고 언급하며 격분했다.

어휘
indignation 분노, 격분(anger, resentment, wrath, fury)
intimidation 위협, 협박(threat, menace)
summary 요약, 개괄
attraction 매력; 명소

정답 ④

06

해석
뉴욕에 머무는 동안 Nick이 만난 가장 영향력 있는 사람은 사치스러운 파티와 미스터리한 과거로 잘 알려져 있는 그의 부유한 이웃인 Jay Gatsby였다.

어휘
lavish 사치스러운, 호사스러운(luxurious, extravagant, opulent, sumptuous)
identical 똑같은, 동일한(same, equal, equivalent, homologous)
vacant 비어 있는(empty, void, unoccupied, idle)
specialized 전문의; [생물] 분화한

정답 ②

DAY 11 어휘

01
밑줄 친 부분의 의미와 가장 가까운 것은?

> Since diagnosed with AIDS last year, he has <u>dwelled on</u> the ever-present concept of death.

① relied on
② propagated
③ announced
④ pondered on

02
밑줄 친 부분의 의미와 가장 가까운 것은?

> The director isn't always easy to work for, being <u>fastidious</u> in his standards and uncompromising in his demands.

① untidy
② tricky
③ placid
④ peripheral

03
밑줄 친 부분의 의미와 가장 가까운 것은?

> Brazil and the world over <u>grieved</u> the death of this kind, talented, and inspiring hero.

① mourned
② diminished
③ worsened
④ dilapidated

04
밑줄 친 부분에 들어갈 말로 가장 적절한 것은?

> American researchers worried that watching TV is likely to _____ the development of language skills among children.

① put forth
② set back
③ take on
④ take up for

01

해석

작년에 AIDS 진단을 받은 이후로, 그는 항상 존재하는 죽음이라는 개념에 대해 숙고해 왔다.

어휘

dwell on 심사숙고하다(ponder on, think over, mull over, consider, deliberate, contemplate, meditate, reflect upon, chew the cud)
rely on 의지하다, 믿다(depend on, resort to, turn to)
propagate 선전하다, 보급하다; 증식(번식)시키다
announce 발표하다, 선언하다(promulgate, declare, enunciate, proclaim)

정답 ④

02

해석

그 감독 밑에서 일하기란 반드시 쉽지 않은데, 그의 기준은 까다롭고 요구 사항이 비타협적이다.

어휘

fastidious 까다로운(tricky, picky, difficult)
untidy 흐트러진, 단정치 못한(sloppy, unkempt, slovenly, disheveled)
placid 평온한, 조용한(still, calm, composed, quiet, tranquil, sedate)
peripheral 주변에 있는; 말초적인, 지엽의

정답 ②

03

해석

브라질과 전 세계는 이 친절하고 재능 있고 영감을 주는 영웅의 죽음을 슬퍼했다.

어휘

grieve 슬퍼하다, 애도하다(mourn, lament, deplore)
diminish 줄이다, 작게 하다(reduce, contract, decrease, decline)
worsen 악화되다(deteriorate, aggravate, deprave)
dilapidate 황폐하게 하다; 탕진하다, 낭비하다

정답 ①

04

해석

TV 시청이 어린이들의 언어 기능 발달을 저해할 가능성이 있다고 미국의 연구팀은 우려했다.

어휘

set back 방해하다; 되돌리다; 늦추다
put forth 발휘하다; 제시하다; 내다, 제출하다
take on 떠맡다, 고용하다; (양상, 색채 등을) 나타내다
take up for ~의 편을 들다

정답 ②

05

밑줄 친 부분에 들어갈 말로 가장 적절한 것은?

> News of the _____ of the Connecticut River Valley attracted the interest of farmers having a difficult time with poor land.

① fertility
② mischief
③ assumption
④ mortality

05

해석

코네티컷 강 유역의 땅이 비옥하다는 소식은 토질이 박해서 어려움을 겪고 있던 농부들의 관심을 끌어 모았다.

어휘

fertility 비옥; 다산
mischief 장난, 악영향
assumption 추측(speculation, conjecture, presumption)
mortality 사망률

정답 ①

06

밑줄 친 부분에 들어갈 말로 가장 적절한 것은?

> The world is ever-changing, and people need to be _____ to change with the world.

① adoptable
② durable
③ flexible
④ unethical

06

해석

세상은 항상 변하고 있으며, 사람들은 세상과 더불어 변하기 위해 융통성이 있어야 한다.

어휘

flexible 융통성이 있는(adaptable); 유연한
adoptable 채용[채택]할 수 있는; 양자로 삼을 만한
durable 내구력 있는, 오래 가는
unethical 비윤리적인

정답 ③

DAY 12 어휘

01
밑줄 친 부분의 의미와 가장 가까운 것은?

> It was the first time that either the Japanese government or its prime minister admitted Japan's responsibility and apologized.

① examined
② conceded
③ embodied
④ preceded

01
해석
일본 정부나 총리가 일본의 책임을 인정하고 사과한 것은 이번이 처음이다.

어휘
admit 인정하다(concede), 시인하다; 입원시키다
examine 조사하다(probe, survey, investigate, inspect, scrutinize)
embody 구체화하다, 구현하다
precede 앞서다, 선행하다, 우선하다

정답 ②

02
밑줄 친 부분의 의미와 가장 가까운 것은?

> Because the crocodile is accustomed to a tropical climate, it becomes lethargic at temperatures below.

① inactive
② temporary
③ chronic
④ colloquial

02
해석
악어는 열대 기후에 적응되어 있기 때문에 기온이 낮은 상태에서는 활동이 둔해진다.

어휘
lethargic 무기력한, 둔감한(inactive, sluggish, lazy, idle)
temporary 일시적인, 순간적인(transitory, transient, momentary, ephemeral); 임시의(provisional, tentative, interim, ad hoc)
chronic 만성의; 고질적인
colloquial 구어체의, 일상 회화의; 격식을 차리지 않는(informal, unofficial, casual)

정답 ①

03
밑줄 친 부분의 의미와 가장 가까운 것은?

> If you can communicate in a more positive way, it will be more likely to elicit cooperation rather than argument or confrontation.

① evoke
② rectify
③ emit
④ contrive

04
밑줄 친 부분에 들어갈 말로 가장 적절한 것은?

> The _____ of man has caused the destruction of habitats and extinction of many animal species.

① austerity
② nimbleness
③ avarice
④ novice

05
밑줄 친 부분에 들어갈 말로 가장 적절한 것은?

> Weak consumer spending and _____ corporate investment were cited as the main culprits of the decelerating growth.

① fierce
② sufficient
③ illicit
④ lukewarm

06
밑줄 친 부분에 들어갈 말로 가장 적절한 것은?

> Supporters believe animal experiments can help the lives of millions of people _____ a few animals.

① at the cost of
② in terms of
③ in conjunction with
④ except for

03

해석

당신이 보다 긍정적인 방법으로 의사를 전달할 수 있다면, 그것은 논쟁과 대결보다는 보다 협력을 이끌어낼 수 있을 것이다.

어휘

elicit 이끌어내다, 유도하다(evoke, induce, provoke)
rectify 수정하다(change, revise, amend, alter, modify)
emit 내뿜다, 방출하다
contrive 고안해내다, 발명하다

정답 ①

04

해석

인간의 탐욕으로 수많은 종의 동물들이 서식지 파괴로 멸종되었다.

어휘

avarice 탐욕(greed, covetousness, voracity)
austerity 내핍 상태, 금욕, 엄격(severity, rigor, rigidity, sternness, strictness, harshness)
nimbleness 민첩함, 기민함(agility)
novice 초심자, 풋내기(beginner)

정답 ③

05

해석

침체된 소비지출과 미온적인 기업 투자가 성장 둔화의 주된 원인으로 꼽혔다.

어휘

culprit 미결수; 범인, 원흉; (문제의) 원인
decelerate 감속하다, 속도를 줄이다
lukewarm 미온적인, 미지근한(tepid)
fierce 사나운; 맹렬한
sufficient 충분한
illicit 불법의(unlawful, illegitimate, illegal)

정답 ④

06

해석

옹호론자들은 동물 실험은 몇몇 동물의 희생으로 수많은 사람들의 삶에 도움을 줄 수 있다고 믿는다.

어휘

at the cost of ~을 희생하여, ~의 대가로
in terms of ~인 면에서, ~의 관점에서
in conjunction with ~와 함께, ~와 공동으로
except for ~을 제외하고, ~이 없으면

정답 ①

DAY 13 어휘

01
밑줄 친 부분의 의미와 가장 가까운 것은?

> I thought, well, that's got a pretentious name, especially since the whole system ran on his computer in his office.

① temperamental
② temperate
③ ostentatious
④ congenital

02
밑줄 친 부분의 의미와 가장 가까운 것은?

> The Sui Dynasty sent a messenger demanding that Goguryeo submit to its unified power or risk going to war.

① undertake
② succumb
③ deliberate
④ exaggerate

03
밑줄 친 부분의 의미와 가장 가까운 것은?

> Some people believe that human beings are born good, while others believe in the doctrine of original sin.

① euphemism
② axiom
③ authority
④ tenet

04
밑줄 친 부분에 들어갈 말로 가장 적절한 것은?

> A Barbie Doll was considered by many to be a _____ symbol of femininity, and often young girls began what was called dieting.

① resistant
② wholesome
③ primitive
④ grateful

01

해석

난 그 시스템이 꽤나 <u>허세 부리는</u> 이름을 가지고 있다고 생각했었는데, 특히 전체 시스템이 그의 사무실에 있는 컴퓨터에서 운영이 되고 있었기 때문이었다.

어휘

pretentious 허세 부리는, 화려한(ostentatious, pompous, vaporing)
temperamental 까다로운, 변덕스러운(volatile, capricious, impulsive, irritable)
temperate 온대의; 절제하는(sober)
congenital 선천적인, 타고난(natural, native, genetic, hereditary, inherent, innate, intrinsic, inborn)

정답 ③

02

해석

수 왕조는 고구려에게 통일된 힘에 <u>굴복할</u> 것인지 전쟁의 위험을 선택할 것인지를 요구하는 전령을 보냈다.

어휘

submit 항복하다, 굴복하다(succumb, yield, surrender, give in); 제출하다, 제시하다
undertake 떠맡다(take on); 착수하다, 나서다
deliberate 숙고하다(think over, consider, ponder on, meditate, reflect upon, dwell on, mull over, chew the cud)
exaggerate 과장하다(overstate, magnify, overpitch)

정답 ②

03

해석

원죄의 <u>교리</u>를 믿는 사람들이 있는 반면, 일부 사람들은 인간이 선하게 태어났다고 믿는다.

어휘

doctrine 교리, 신조(tenet, creed, dogma); 정책
euphemism 완곡어법
axiom 자명한 이치, 격언
authority 권위, 권한; 권위자

정답 ④

04

해석

바비 인형은 여성성의 <u>건전한</u> 상징으로 여겨졌고, 어린 소녀들이 종종 다이어트라는 것을 시작했다.

어휘

wholesome 건전한; 건강(증진)에 좋은(healthy, salutary)
resistant 반항적인, 거부하는(rebellious, defiant)
primitive 원시의, 태고의(ancient); 미발달의
grateful 감사하는

정답 ②

05

밑줄 친 부분에 들어갈 말로 가장 적절한 것은?

> My boyfriend, however, thinks it's OK to use my money every time we eat out because I have rich parents to _____ and he doesn't.

① long for
② lose sight of
③ fall back on
④ shed light on

05
해석
내 남자친구는 내가 의지할 돈 많은 부모가 있고 자기는 그렇지 못하다는 이유에서 우리가 외식을 할 때마다 돈을 내가 내도 괜찮다고 생각한다.

어휘
fall back on ~에 의지하다
long for 고대하다, 열망하다
lose sight of 잊다; ~을 놓치다
shed light on ~을 명백히 하다, 분명히 하다

정답 ③

06

밑줄 친 부분에 들어갈 말로 가장 적절한 것은?

> We know that some people are born shy and some are born _____. That's obvious.

① discreet
② sporadic
③ gregarious
④ unfamiliar

06
해석
우리는 어떤 이들은 부끄러움을 타고나고, 또 어떤 이들은 사교성을 타고난다는 것을 안다. 그것은 명백한 일이다.

어휘
gregarious 사교적인(outgoing, sociable, extrovert); 무리의
discreet 사려 깊은, 주의 깊은(considerate, careful, attentive, thoughtful, cautious, prudent, sensible, judicious, heedful, wary, advertent, circumspect)
sporadic 이따금 일어나는, 산발적인(intermittent, irregular, occasional, infrequent)
unfamiliar 생소한, 익숙하지 않은(new, unusual, uncommon, unaccustomed, unaquainted)

정답 ③

DAY 14 어휘

01
밑줄 친 부분의 의미와 가장 가까운 것은?

> There is not a dull moment in the movie, as it is action-packed from beginning to end.

① awkward
② incompetent
③ tedious
④ confident

01
해석
시작부터 끝까지 액션으로 가득 차 있기에 그 영화에는 지루한 순간이 없다.

어휘
dull 지루한, 따분한(tedious, boring, tiring)
awkward 어색한, 서투른(clumsy, maladroit, inept, unskillful, all thumbs)
incompetent 무능한; 서투른
confident 자신 있는; 확신하는

정답 ③

02
밑줄 친 부분의 의미와 가장 가까운 것은?

> The prosecution assigned the case to the Seoul Central District Prosecutors' Office and has begun investigation.

① apportioned
② opposed
③ emulated
④ surrounded

02
해석
검찰은 이 사건을 서울중앙지검에 배당하고 수사에 착수했다.

어휘
prosecution 검찰
investigation 수사, 조사
assign 배분하다, 할당하다(apportion, allocate)
oppose 반대하다
emulate 모방하다; 겨루다
surround 둘러[에워]싸다; [군대·마을 등을] 포위하다(besiege)

정답 ①

03

밑줄 친 부분의 의미와 가장 가까운 것은?

> Many Korean leaders seem to abhor the word 'labor' itself like a creepy insect, but current governing parties in Britain and the United States are either labor parties or based on labor unions.

① detest
② advocate
③ abduct
④ hesitate

04

밑줄 친 부분에 들어갈 말로 가장 적절한 것은?

> Recent research by the University of Surrey in England said that if a night person tried to wake up early, disadvantages _____ the benefits.

① contend
② augment
③ outweigh
④ comprise

05

밑줄 친 부분에 들어갈 말로 가장 적절한 것은?

> Health experts warn that sitting for long stretches of time, whether at school, work, in the car or before a computer or television, can lead to serious _____.

① literacy
② ailments
③ extirpation
④ incongruity

06

밑줄 친 부분에 들어갈 말로 가장 적절한 것은?

> President carried out a partial Cabinet reshuffle on Monday, replacing ministers of science, unification, commerce and labor, but _____ his decision on the health post.

① complied with
② carried on
③ let go of
④ put off

03
해석
많은 한국의 지도자들은 '노동'이라는 말 자체를 마치 징그러운 벌레나 되듯이 혐오하는 듯 하지만, 영국과 미국의 현 집권당들은 노동당이거나 노조에 기반을 두고 있다.

어휘
abhor 혐오하다, 싫어하다(detest, loathe, abominate)
creepy 오싹한, 소름끼치는
advocate 옹호하다, 지지하다(support); 옹호자, 변호사
abduct 유괴하다, 납치하다(kidnap)
hesitate 망설이다, 주저하다

정답 ①

04
해석
영국 서레이 대학의 최근 조사에서는 저녁형 인간이 일찍 일어나려고 하면 해로운 점이 장점보다 더 많다고 밝히고 있다.

어휘
outweigh ~보다 뛰어나다; 중대하다; ~보다 무겁다
contend 주장하다, 논쟁하다
augment 늘리다, 증대시키다(increase)
comprise ~을 구성하다; ~을 포함하다

정답 ③

05
해석
건강 전문가들은 학교, 직장, 차 안이나 컴퓨터 또는 TV 앞에 오래 앉아 있는 것은 심각한 질환을 유발할 수 있다고 경고한다.

어휘
literacy 읽고 쓰는 능력; 교양이 있음
ailment 병, 질환(sickness, illness, disease, condition)
extirpation 근절, 박멸(eradication, extermination)
incongruity 부조화, 불일치(discord, disparity, disharmony, dissonance)

정답 ②

06
해석
대통령은 월요일에 일부 개각을 단행하고 과학, 통일, 통상, 노동부 장관을 교체했으나 보건부 장관은 결정을 연기했다.

어휘
put off 연기하다, 미루다(hold off, postpone, adjourn, procrastinate, lay over)
comply with 따르다, 준수하다(keep, follow, observe, abide by)
carry on 계속하다, 진행시키다
let go of ~을 놓아주다

정답 ④

DAY 15 어휘

01
밑줄 친 부분의 의미와 가장 가까운 것은?

> She might look slow and indecisive, but she just like to be cautious when making decisions.

① sinister
② irresolute
③ verbose
④ ridiculous

02
밑줄 친 부분의 의미와 가장 가까운 것은?

> Self-employed Koreans and those with well-paying jobs will be placed under tighter scrutiny to prevent tax evasion.

① aptitude
② investigation
③ resentment
④ derivation

03
밑줄 친 부분의 의미와 가장 가까운 것은?

> The government must present feasible and practical solutions to economic problems in order to appease public and corporate anxieties.

① pacify
② conspire
③ foresee
④ annihilate

04
밑줄 친 부분에 들어갈 말로 가장 적절한 것은?

> There is by and large a fixed pattern of punishing corrupt and other law-breaking business leaders here: indictment without _____ followed by suspended sentences and presidential pardons.

① euphony
② rupture
③ euphoria
④ detention

01

해석
그녀가 느리고 <u>우유부단해</u> 보일지도 모르지만, 그녀는 그저 결정을 내릴 때 신중한 것을 좋아할 뿐이다.

어휘
indecisive 우유부단한, 결단력이 없는(irresolute, reluctant, hesitant, uncertain, unwilling, disinclined)
sinister 사악한; 불길한(ominous, unfortunate, unlucky, ill fated, portentous)
verbose 말이 많은, 장황한(wordy, lengthy, talkative, loquacious, garrulous, redundant, prolix)

정답 ②

03

해석
대중과 기업의 불안을 <u>달래기</u> 위해 정부는 실현 가능하고 실용적인 경제 문제에 대한 해법을 제시해야 한다.

어휘
appease 달래다, 위로하다(pacify, console, relieve, alleviate, placate, soothe)
conspire 공모하다, 결탁하다(plot, collude)
foresee 예견하다, 내다보다(predict, forecast)
annihilate 전멸시키다(destroy, devastate, ruin); 무효로 하다(annul, nullify, abolish)

정답 ①

02

해석
탈세를 막기 위해 자영업자와 고소득 전문직에 대한 (세무) <u>조사</u>를 강화할 방침이다.

어휘
scrutiny 조사, 수사(investigation, inspection, examination, survey, search, probe)
aptitude 적성, 소질
resentment 분노, 적의(anger, rage, wrath, fury, indignation, irritation)
derivation 파생; 유도; 기원

정답 ②

04

해석
한국에는 부패하거나 그 밖의 법을 어긴 기업 경영자들을 처벌하는 전반적으로 고정된 형태가 있는데, 이것은 <u>구속</u>이 없는[불구속] 기소가 집행 유예와 대통령 사면으로 이어지는 것이다.

어휘
by and large 대체로, 전반적으로
indictment 기소, 고발
suspended sentence 집행 유예
detention 구류, 감금
euphony 좋은 음조; 듣기 좋은 어조
rupture 파열; 불화
euphoria 행복감(joy, delight, bliss, felicity, glee, rapture)

정답 ④

05

밑줄 친 부분에 들어갈 말로 가장 적절한 것은?

> In the Goryeo Dynasty period, many Arabs called hoehoein moved to Goryeo and _____ into the society.

① assessed
② assimilated
③ dwindled
④ wandered

05

해석

고려 왕조 시대에는 회회인(回回人)이라고 불리는 많은 아랍인들이 고려로 이주하여 그 사회에 동화되었다.

어휘

assimilate 흡수되다, 동화되다; 순응하다
assess 평가하다, 감정하다(measure, gauge, estimate, evaluate, appraise)
dwindle 점점 작아지다, 줄어들다
wander 떠돌다, 배회하다

정답 ②

06

밑줄 친 부분에 들어갈 말로 가장 적절한 것은?

> Bridging the gap between countries of the region is an urgent task necessary for building a _____ Asia and Africa.

① successive
② charitable
③ modest
④ prosperous

06

해석

그 지역 내 국가들 간 격차 해소는 번영하는 아시아와 아프리카를 이루어 내기 위해 시급한 과제입니다.

어휘

prosperous 번영하는 성공한(successful, rich, wealthy, thriving, flourishing, affluent, well off)
successive 연속하는, 다음에 이어지는(subsequent, consecutive, following)
charitable 관대한, 자비로운(generous, humanitarian, benevolent, magnanimous, tolerant, indulgent); 자선을 위한
modest 겸손한(humble)

정답 ④

DAY 16 어휘

01
밑줄 친 부분의 의미와 가장 가까운 것은?

> The lengthy economic slump is pushing a string of small and midsize firms into financial distress.

① entreaty
② paradox
③ adversity
④ esteem

01

해석
장기적인 경기 부진이 중소기업들을 재정적인 고통으로 밀어붙이고 있다.

어휘
distress 고통, 고난(adversity, agony, suffering, hardship, trial, predicament)
entreaty 간청, 애원, 탄원(appeal, petition, plea)
paradox 역설
esteem 존경, 숭배(respect, reverence, worship, veneration)

정답 ③

02
밑줄 친 부분의 의미와 가장 가까운 것은?

> Phishing is generally carried out by e-mail or instant messaging, and tries to get the victim to divulge sensitive information such as passwords and credit card details.

① diverge
② confine
③ disclose
④ resolve

02

해석
피싱은 일반적으로 이메일 또는 인스턴트 메신저를 통해 행해지는 것으로, 희생자로 하여금 비밀번호나 신용카드 세부정보와 같은 민감한 정보를 누설하게 만든다.

어휘
divulge 누설하다, 폭로하다(disclose, reveal, unveil, lay bare)
diverge 분기하다, 갈라져 나오다
confine 가두다, 제한하다(limit, restrict, restrain)
resolve 해결하다; 결심하다(decide)

정답 ③

03
밑줄 친 부분의 의미와 가장 가까운 것은?

> It is a well-known fact that men who are drunk tend to be aggressive and do things they normally wouldn't do.

① infamous
② reciprocal
③ immature
④ intoxicated

05
밑줄 친 부분에 들어갈 말로 가장 적절한 것은?

> The lack of moral consciousness and ethical _____ is most conspicuous in the highest officials, elected or appointed, in this country.

① integrity
② coalition
③ euphemism
④ alliance

04
밑줄 친 부분에 들어갈 말로 가장 적절한 것은?

> This revision aims to _____ the growing number of overseas childbirths to obtain foreign citizenships for military exemption.

① administer
② thwart
③ encourage
④ conciliate

06
밑줄 친 부분에 들어갈 말로 가장 적절한 것은?

> The labor groups claimed the administration was taking sides with business and _____ employers for allegedly exploiting workers.

① censured
② reared
③ abrogated
④ warranted

03

해석
술에 취한 남성이 공격적이 되고 보통 때는 하지 않을 일을 하게 되기가 쉽다는 것은 잘 알려진 사실이다.

어휘
drunk 취한(intoxicated, under the influence)
infamous 악명 높은, 지독한(notorious)
reciprocal 상호의(mutual, bilateral)
immature 미숙한, 미완성의; 유년기의

정답 ④

04

해석
이번 개정은 병역 의무를 면제받을 수 있도록 외국 국적을 얻기 위해 해외 출산의 수가 증가하는 것을 막고자 하는 것이다.

어휘
revision 개정, 수정, 개편
exemption 면제, 공제
thwart 막다, 방해하다(prevent, hinder, prohibit, interrupt, disrupt, hamper, impede, deter, obstruct, inhibit)
administer 관리하다; 집행하다; (약을) 투여하다
encourage 장려하다, 격려하다
conciliate 달래다, 회유하다, 조정하다

정답 ②

05

해석
이 나라에서 도덕의식과 윤리적인 청렴도의 부족은 선출직이든 지명직이든 고위직에서 가장 눈에 띈다.

어휘
integrity 공정, 엄정; 청렴(rectitude)
coalition 연합, 연대, 단체(alliance, union, league, confederation)
euphemism 완곡 어법(circumlocution)

정답 ①

06

해석
노동단체들은 정부가 기업의 편을 들고 있다고 주장했고, 근로자 착취 혐의로 고용주들을 비난했다.

어휘
censure 비난하다(criticize, blame, accuse, condemn, denounce, reprimand, rebuke, reproach, reprove, reprehend)
rear 양육하다, 기르다(raise, nurture, foster, cultivate, breed, bring up)
abrogate 폐지하다(abolish, scrap, repeal, withdraw, revoke, annul, invalidate, do away with)
warrant 정당화하다(justify); 보증[확약]하다

정답 ①

DAY 17 어휘

01
밑줄 친 부분의 의미와 가장 가까운 것은?

> "People who are blood type A are generally considered to be sincere and prudent, and they seek stability. They are not as insistent as others," an executive from Job Korea said.

① negative
② discreet
③ tenacious
④ obstinate

02
밑줄 친 부분의 의미와 가장 가까운 것은?

> The police will appoint teachers in charge of discipline as "honorary police officers" so that they can supervise students more effectively.

① tame
② adhere
③ control
④ postpone

03
밑줄 친 부분의 의미와 가장 가까운 것은?

> The article notes city slum residents are equally disadvantaged and in many cases are in even greater misery and destitution than those in rural areas.

① welfare
② stagnation
③ disaster
④ penury

04
밑줄 친 부분에 들어갈 말로 가장 적절한 것은?

> Despite her _____, she lived with a great optimism, and when her surviving father read her diary, he sought to publish it.

① hardship
② rejuvenation
③ modification
④ contention

01

해석
"A형인 사람들은 일반적으로 진지하고 신중하며 안정을 추구한다. 이들은 다른 사람들보다 고집이 세지 않다."라고 잡코리아의 간부가 말했다.

어휘
prudent 신중한, 분별 있는(discreet, careful, attentive, cautious, thoughtful, considerate, deliberate, judicious, heedful)
negative 부정적인; [생리] 음성의
tenacious 끈질긴, 고집 센(obstinate, rigid, persistent, stubborn, dogged, intractable)

정답 ②

02

해석
경찰은 생활 지도 교사들이 학생들을 보다 효과적으로 관리하도록 그들을 '명예 경찰관'으로 임명할 것이다.

어휘
in charge of 책임이 있는; 담당하는
discipline 규율, 훈육
supervise 감독하다, 관리하다
control 제어하다; 관리하다
tame 길들이다; 억누르다
adhere 들러붙다; 추종하다, 집착하다
postpone 연기하다, 미루다(delay, put off, prolong, elongate)

정답 ③

03

해석
그 기사는 도시 빈민가의 거주민들이 똑같이 소외되어 있고, 많은 경우 시골 지역보다 훨씬 더 비참하고 가난한 것을 지적하고 있다.

어휘
destitution 극빈, 빈곤(penury, poverty, want, indigence, dearth)
welfare 복지, 보호
stagnation 침체, 부진(inactivity, recession, slump)
disaster 재난(calamity, catastrophe, mishap)

정답 ④

04

해석
그녀의 고난에도 불구하고, 그녀는 위대한 낙천주의를 가지고 살았으며, 그녀의 살아남은 아버지가 그 일기를 읽었을 때, 그는 그것을 출간하기로 했다.

어휘
hardship 고난, 어려움(suffering, trial, ordeal, setback, distress, adversity, predicament)
rejuvenation 젊어지기, 회춘
modification 수정, 변경(amendment, reform, alteration, revision, change, conversion)
contention 논쟁, 언쟁(controversy, debate, dispute, argument, brawl, altercation, polemic)

정답 ①

05
밑줄 친 부분에 들어갈 말로 가장 적절한 것은?

> It is pathetic that even very kindly adults, including parents, are blind to the realities of a child's world, and _____ to a child's emotional life.

① anxious
② callous
③ whimsical
④ malicious

05
해석
부모를 포함한 매우 친절한 어른조차 어린이들의 삶의 현실을 모르고 어린이의 정서적인 생활에 무심한 것은 안타까운 일이다.

어휘
callous 냉담한, 무감각한(cold-hearted, indifferent, apathetic, nonchalant)
anxious 걱정하는; 갈망하는
whimsical 변덕스러운(capricious)
malicious 악의[적의] 있는

정답 ②

06
밑줄 친 부분에 들어갈 말로 가장 적절한 것은?

> Now, the government is pushing a program to develop more sophisticated digital textbooks. It plans to _____ them on a trial basis next year.

① warp
② obscure
③ distribute
④ placate

06
해석
현재 정부는 더 정교한 전자교과서를 개발하기 위한 프로그램을 추진 중이다. 정부는 내년에 전자교과서를 시범적으로 배부할 계획이다.

어휘
distribute 배포하다, 나눠주다(deliver, allocate, circulate, dispense, apportion, disseminate, send out, hand out)
warp 왜곡하다(distort, twist, bend)
obscure 어둡게 하다, 보이지 않게 하다(conceal, hide, veil, blur)
placate 달래다(appease, soothe, lull, pacify, mollify, conciliate)

정답 ③

DAY 18 어휘

01

밑줄 친 부분의 의미와 가장 가까운 것은?

> Fear of execution plays a powerful motivating role inconvincing potential murderers not to carry out their acts.

① latent
② drowsy
③ bygone
④ realistic

01

해석
사형에 대한 공포는 잠재적인 살인자들로 하여금 살인을 실행에 옮기지 못하게 하는데 큰 동기 부여를 한다.

어휘
potential 잠재적인(latent, dormant, underlying)
drowsy 졸리는(sleepy, dozy, somniferous, somnolent)
bygone 과거의, 옛날의
realistic 현실적인, 실제의

정답 ①

02

밑줄 친 부분의 의미와 가장 가까운 것은?

> On January 16, 2005, Korea passed an anti-piracy law banning the distribution of illegally obtained music.

① cacophony
② proficiency
③ prosperity
④ dissemination

02

해석
2005년 1월 16일 한국은 불법적으로 얻은 음악을 유포하는 것을 금하는 저작권 침해 금지 법안을 통과시켰다.

어휘
distribution 분배, 배포, 유포(dissemination)
cacophony 불협화음
proficiency 숙달, 숙련
prosperity 번영, 번창

정답 ④

03

밑줄 친 부분의 의미와 가장 가까운 것은?

> Speaking foreign languages will help you better understand the world.

① subside
② appraise
③ molest
④ grasp

04

밑줄 친 부분에 들어갈 말로 가장 적절한 것은?

> Australian beachgoers were amazed to _____ this little reptile, as albino turtles are a mere 1-in-10,000 occurrence.

① wrestle with
② yearn for
③ come across
④ round out

05

밑줄 친 부분에 들어갈 말로 가장 적절한 것은?

> With _____ abuse, such as beatings, the state is mostly worried about the lasting psychological harm it causes.

① psychiatric
② physical
③ physiological
④ psychological

06

밑줄 친 부분에 들어갈 말로 가장 적절한 것은?

> A professor of economics at Binghamton University, recently stated that Korea's high education level and economic development are largely attributed to Confucian traditions, which _____ learning.

① underline
② underrate
③ oppose
④ detect

03

해석

외국어를 말하는 것은 여러분이 세상을 더 잘 이해하는 데 도움이 될 것이다.

어휘

understand 이해하다(grasp, comprehend, catch, apprehend)
subside 가라앉다, 진정되다; 침전하다
appraise 평가하다, 감정하다(rate, measure, estimate, evaluate, assess, gauge)
molest 괴롭히다(bother, annoy, disturb, torture, irritate, harass, torment, afflict, persecute, excruciate)

정답 ④

04

해석

호주의 해수욕을 즐기는 사람들은 이 작은 파충류를 우연히 만나게 되어 놀랐는데, 그 이유는 알비노 거북이가 1만 마리 중 겨우 1마리 꼴로 태어나기 때문이다.

어휘

reptile 파충류
come across 우연히 만나다(encounter, run into); 이해되다
wrestle with ~로 씨름하다, 고심하다
yearn for 동경하다
round out 마무리 짓다; 반올림하다

정답 ③

05

해석

폭력과 같은 신체적인 학대와 같은 경우, 주 정부가 가장 걱정하는 것은 그것이 일으키는 지속적인 정신적 해로움이다.

어휘

abuse 남용, 오용; 학대; 욕, 독설
physical 육체의, 신체의; 물리의
psychiatric 정신의학의, 정신과의
physiological 생리학상의; 생리적인
psychological 심리학상의

정답 ②

06

해석

최근 빙햄턴 대학의 한 경제학과 교수는 한국의 높은 교육 수준과 경제 발전은 학문을 강조하는 유교적 전통에 크게 기인한다고 말했다.

어휘

underline 강조하다(emphasize, stress, highlight, underscore, accentuate)
underrate 과소평가하다(underestimate, depreciate, undervalue)
oppose 반대하다, 대항하다(counter)
detect 찾아내다, 발견하다(discern, discover)

정답 ①

DAY 19 어휘

01
밑줄 친 부분의 의미와 가장 가까운 것은?

> Isolation can be both cause and result of depression, as despondent older people cut themselves off from friends and family.

① sedentary
② posthumous
③ disheartend
④ exquisite

02
밑줄 친 부분의 의미와 가장 가까운 것은?

> The law must be even-handed in ensuring that those who are money laundering in the financial market are dealt with effectively and fairly.

① impartial
② rudimentary
③ extensive
④ orderly

03
밑줄 친 부분의 의미와 가장 가까운 것은?

> Ho Chi Minh, a Vietnamese communist, sought to liberate his nation from colonial rule and took the American War for Independence as his model.

① emancipate
② evaluate
③ multiply
④ cherish

04
밑줄 친 부분에 들어갈 말로 가장 적절한 것은?

> Korea should _____ foreign trade as its biggest growth engine, although it will increasingly depend on domestic demand.

① hit upon
② come across
③ resort to
④ dwell on

01

해석

고독은 낙담한 노인들이 스스로를 친구와 가족들로부터 단절시키듯이, 우울함의 원인과 결과가 모두 될 수 있다.

어휘

despondent 낙담한, 낙심한(disheartened, disappointed, discouraged, dejected, depressed)
sedentary 앉아 지내는, 앉아 있는; 앉아 일하는 사람
posthumous 사후(死後)의; 유복자로 태어난; 저자 사후에 출간된
exquisite 매우 아름다운, 아주 훌륭한(artistic, beautiful, spectacular, gorgeous, splendid, aesthetic)

정답 ③

02

해석

법은 금융 시장에서 돈세탁하는 자들이 효과적으로 그리고 정당하게 다뤄지도록 하는 데 있어 공정해야 한다.

어휘

even-handed 공평한, 공명정대한(impartial, just, right, equal, fair, equitable)
rudimentary 초보의, 근본의(elementary, basic, fundamental)
extensive 광범위한; 집중적인
orderly 질서 있는

정답 ①

03

해석

베트남의 공산주의자인 호치민은 자국을 식민 통치로부터 해방시키려고 노력했으며, 미국독립전쟁을 그의 본보기로 삼았다.

어휘

liberate 해방하다(emancipate, set free, release)
evaluate 평가하다, 감정하다(assess, rate, estimate, appraise)
multiply 증가[증식]시키다; 번식하다
cherish 소중히 여기다, 아끼다

정답 ①

04

해석

비록 점점 더 내수에 많이 의존하겠지만 한국은 가장 큰 성장 동력으로 대외무역에 의존해야 한다.

어휘

resort to ~에 의지하다
hit upon 불현듯 ~을 생각해내다
come across 우연히 만나다; 이해되다
dwell on 곰곰이 생각하다

정답 ③

05

밑줄 친 부분에 들어갈 말로 가장 적절한 것은?

> Negative things in social collectives and societies, things like obesity, and violence, imprisonment, and punishment, are _____ as economic inequality increases.

① eradicated
② differentiated
③ terminated
④ exacerbated

05

해석
사회 집단과 사회의 부정적인 것들, 예를 들어 비만, 그리고 폭력, 구금, 그리고 처벌은 경제적 불평등이 증가할수록 악화된다.

어휘
exacerbate 악화시키다(worsen, aggravate, deteriorate, exasperate)
eradicate 근절하다, 전멸시키다(remove, eliminate, erase, obliterate, exterminate, expunge, extirpate, root out, stamp out)
differentiate 구별하다(distinguish); 차별하다(discriminate)
terminate 끝내다, 종결시키다

정답 ④

06

밑줄 친 부분에 들어갈 말로 가장 적절한 것은?

> People should not deliberately hurt or kill animals to make _____ things like shampoo and makeup.

① apparent
② certified
③ impaired
④ trivial

06

해석
사람들은 샴푸나 화장품 같은 사소한 것을 만들기 위해 동물을 고의로 아프게 하거나 죽여서는 안된다.

어휘
trivial 사소한, 하찮은(marginal, petty, frivolous, insignificant, trifling, negligible)
apparent 분명한, 명백한(obvious, clear, transparent, plain, distinct, evident, definite, overt, explicit)
certified 공인된, 증명서를 소지하고 있는(authorized, approved, licensed, accredited)
impaired 약화된(weakened); 건강이 나빠진

정답 ④

DAY 20 어휘

01

밑줄 친 부분의 의미와 가장 가까운 것은?

> The judge apparently violated the code of ethics that calls on judges to do their best in their performance and treat plaintiffs, defendants, their lawyers and witnesses with courtesy and respect.

① dissonance
② norm
③ sympathy
④ decency

01

해석
그 판사는 분명히 집행에 있어서 최선을 다하고, 예의와 존경으로 원고, 피고, 변호사 및 증인들을 대할 것을 요구하는 윤리 규범을 위반했다.

어휘
violate 위반하다
code of ethics 윤리 규범
call on 요구하다; 방문하다
plaintiff 원고, 고소인
defendant 피고인
courtesy 예의(decency, politeness)
dissonance 불일치, 부조화(disharmony, discord)
norm 규범, 기준, 표준(standard, criterion, yardstick)
sympathy 동정, 공감

정답 ④

02

밑줄 친 부분의 의미와 가장 가까운 것은?

> Scientists suggested that the two comets were once one because they have a similar orbit.

① exponential
② pushy
③ analogous
④ dissolute

02

해석
과학자들은 두 혜성들이 유사한 궤도를 가지고 있기 때문에, 그들이 한 때 하나였을 거라고 시사했다.

어휘
similar 비슷한, 유사한(analogous, alike, akin)
exponential 기하급수적인
pushy 억지가 센, 밀어붙이는; 뻔뻔스러운
dissolute 방종한, 타락한(dissipated, prodigal, profligate)

정답 ③

03
밑줄 친 부분의 의미와 가장 가까운 것은?

> Making public transportation free temporarily is not the solution to fight pollution.

① impregnable
② complementary
③ abstract
④ complimentary

05
밑줄 친 부분에 들어갈 말로 가장 적절한 것은?

> Besides its vivid graphics and _____ gameplay, the game has also been praised for its top-notch voice acting.

① potable
② edible
③ impeccable
④ arable

04
밑줄 친 부분에 들어갈 말로 가장 적절한 것은?

> Under the revised immigration law, Korean overseas adoptees and others who wish to acquire Korean citizenship don't need to _____ their previous nationality if they hold outstanding talents.

① announce
② renounce
③ pronounce
④ denounce

06
밑줄 친 부분에 들어갈 말로 가장 적절한 것은?

> U.S. courts _____ the song's copyright, saying "a compilation of information that's in the public domain can be copyrighted if it is assembled in a sufficiently creative fashion."

① backed up
② put forward
③ looked down on
④ ruled out

03

해석

대중교통을 일시적으로 <u>무상으로</u> 만드는 것은 공해와 싸울 해결 방안이 아니다.

어휘

temporarily 일시적으로; 임시로, 잠정적으로
free 무료의; 자유의; ~ 이 없는
complimentary 무료의; 칭찬하는
impregnable 난공불락의(insurmountable, indomitable, unconquerable, unassailable, invincible)
complementary 보충하는, 보완하는
abstract 추상적인; 추출하다

정답 ④

04

해석

개정된 이민법 하에서는, 한국 시민권을 얻길 원하는 한국의 해외 입양아들과 그외 사람들이 만약 뛰어난 재능을 갖고 있다면 그들의 이전 국적을 <u>포기할</u> 필요가 없다.

어휘

renounce 포기하다, 양도하다, 그만두다(abandon, give up, relinquish, resign, forsake)
announce 발표하다, 알리다
pronounce 발음하다
denounce 비난하다(criticize, accuse, blame, censure, reproach, condemn, reprimand, rebuke, reprehend)

정답 ②

05

해석

생생한 그래픽과 <u>흠 잡을 데 없는</u> 게임 방식 외에도, 그 게임은 아주 뛰어난 성우의 연기로 또한 찬사를 받고 있다.

어휘

impeccable 나무랄 데 없는, 완벽한(faultless, perfect, complete, flawless)
potable 음료로 적합한(drinkable)
edible 먹을 수 있는, 식용의
arable 경작에 알맞은

정답 ③

06

해석

미국 법원은 "충분히 창의적인 방법으로 조합되었다면, 공유재산에 속한 정보의 편집도 저작권의 보호를 받을 수 있다"라고 말하며 그 노래의 저작권을 <u>지지했다</u>.

어휘

back up 후원하다, 지지하다(support, uphold, stand by)
put forward 제출하다(submit, tender, bring in)
look down on 깔보다, 무시하다(ignore, disregard, neglect, despise, disparage, scorn, slight)
rule out 배제하다(exclude)

정답 ①

DAY 21 어휘

01
밑줄 친 부분의 의미와 가장 가까운 것은?

> Researchers don't know why some people are ambivalent while others are black and white thinkers.

① concrete
② outspoken
③ marginal
④ conflicting

02
밑줄 친 부분의 의미와 가장 가까운 것은?

> The G-20 was formally established in 1999 as an international forum to address issues related to the world's financial system.

① put together
② cope with
③ take down
④ crop up

03
밑줄 친 부분의 의미와 가장 가까운 것은?

> Advanced societies levy income taxes on clergies and religious practitioners.

① entice
② impose
③ curb
④ invest

04
밑줄 친 부분에 들어갈 말로 가장 적절한 것은?

> High school students in Korea lack sleep because they have to stay in school far into the night to _____ major required subjects, such as math and English.

① brush up on
② turn down
③ stand by
④ put on hold

01

해석
연구자들은 왜 어떤 사람들은 양면적이고 또 어떤 사람들은 흑백 논리를 가지고 있는지 알지 못한다.

어휘
ambivalent 상반된 감정을 품은, 양면 가치의(conflicting, inconsistent, contradictory, incongruous, dissonant)
concrete 현실의, 실재하는(real); 구체적인
outspoken 솔직한(frank, candid, honest, plain, ingenuous, straightforward)
marginal 가장자리의; 하찮은; 한계 수익점의

정답 ④

02

해석
G-20은 전 세계의 금융 시스템과 관련된 문제를 처리하기 위한 국제 포럼으로서 1999년에 공식적으로 창설되었다.

어휘
address 처리하다, 다루다(cope with)
put together 한데 모으다, 합치다
take down 헐어버리다, 해체하다; 적어두다
crop up 나타나다, 생기다

정답 ②

03

해석
선진국들은 성직자와 종교인들에게 소득세를 부과하고 있다.

어휘
levy 부과하다, 징수하다(impose)
entice 유혹하다(attract, lure, allure, seduce, tempt)
curb 억제하다, 제한하다(limit, restrict, restrain)
invest 투자하다

정답 ②

04

해석
한국의 고등학생들은 수학, 영어와 같은 주요 필수 과목을 복습하기 위해 학교에 밤 늦게까지 있어야 하므로 수면이 부족하다.

어휘
brush up on ~을 복습하다
turn down 거절하다, 거부하다
stand by 대기하다
put on hold 보류하다, 연기하다

정답 ①

05

밑줄 친 부분에 들어갈 말로 가장 적절한 것은?

> A survey conducted last year showed only one third of Koreans completely believe government data with the remaining 65 percent or so turning out to be _____, partially or wholly.

① incredulous
② depleted
③ evanescent
④ confident

해석
작년에 실시된 조사에 따르면 한국인의 3분의 1만이 정부 자료를 완전히 믿고 있으며 나머지 65% 정도는 부분적으로 또는 완전히 믿지 않는 것으로 나타났다.

어휘
incredulous 의심하는, 믿으려 하지 않는(skeptical, doubtful, questioning, distrustful)
depleted 고갈된, 바닥난
evanescent 사라져 가는; 덧없는(transient, transitory, momentary, ephemeral)
confident 확신하는, 굳게 믿는; 자신 있는

정답 ①

06

밑줄 친 부분에 들어갈 말로 가장 적절한 것은?

> Inter-party _____ and confrontation are again expected this week as rival lawmakers begin today the second week of the parliamentary audit session, which is focused on the economy.

① care
② credit
③ accusation
④ disguise

해석
여야 국회의원들이 오늘부터 국정감사 2주째를 맞아 경제에 초점을 맞출 예정으로 이번 주에도 정당 간의 비난과 대립이 계속될 것으로 보인다.

어휘
accusation 비난(censure, criticism, blame, reproach, denunciation); 고발, 기소
care 걱정, 우려; 돌봄, 간호; 주의, 유의
credit 신용, 신뢰; 영예(honor); 신용, 외상
disguise 변장, 위장(camouflage)

정답 ③

DAY 22 어휘

01
밑줄 친 부분의 의미와 가장 가까운 것은?

> At the beginning the land was extremely barren, but after many years of hard work, it has finally become fertile.

① clamorous
② fruitful
③ adequate
④ desolate

01
해석
처음에 그 땅은 완전히 불모지였다. 그러나 여러 해 동안 열심히 일한 결과 마침내 비옥하게 되었다.

어휘
barren 척박한, 황량한(desolate, deserted, harsh, sterile, infertile)
clamorous 시끄러운, 떠들썩한(noisy, loud)
fruitful 결실 있는, 보람 있는; 다산의(fertile, prolific, profitable)
adequate 적당한(pertinent, fit, appropriate, proper, relevant, suitable)

정답 ④

02
밑줄 친 부분의 의미와 가장 가까운 것은?

> Last year, the Immigration Bureau of Korea deported 3,023 illegal immigrant workers.

① banished
② implanted
③ obviated
④ exalted

02
해석
지난 해, 한국의 출입국관리사무소는 3,023명의 불법 입국자들을 추방했다.

어휘
deport 추방하다(banish, exile, expatriate, oust, ostracize)
implant 이식하다, 심다
obviate 제거하다
exalt (지위·명예 등을) 높이다(elevate); 칭찬[찬양]하다(praise, admire, laud, applaud, extol)

정답 ①

03
밑줄 친 부분의 의미와 가장 가까운 것은?

> The emission of greenhouse gases is detrimental in the long-term since it will linger in the air for centuries and carbon dioxide will continuously warm up the air by trapping heat.

① instructive
② pernicious
③ awful
④ vague

04
밑줄 친 부분에 들어갈 말로 가장 적절한 것은?

> The British Government was inefficient and lacked a(n) _____ plan, and the colonies were left largely to their own devices.

① haughty
② coherent
③ arrogant
④ condescending

05
밑줄 친 부분에 들어갈 말로 가장 적절한 것은?

> Fair trials are _____ unless the criminal court does away with this practice, which the general public believes is weird.

① down to earth
② out of the question
③ to the point
④ out of hand

06
밑줄 친 부분에 들어갈 말로 가장 적절한 것은?

> This year's Chuseok will _____ October 6, while the Chuseok holidays will last from October 3 through October 8.

① live by
② cling to
③ fall on
④ put in

03

해석
온실가스 배출물은 수백 년간 공기 속에 오래 남아 있고 이산화탄소는 열을 잡아 계속해서 공기를 따뜻하게 하기 때문에 장기적으로 봤을 때 해롭다.

어휘
detrimental 해로운, 유해한(pernicious, fatal, harmful, lethal, noxious, deleterious, injurious, nocuous)
instructive 교훈적인, 교육적인(informative)
awful 무서운(frightening, formidable, fearful, horrible, appalling, terrible, dreadful); 끔찍한
vague 막연한, 불분명한(unclear, obscure, ambiguous, equivocal, nebulous)

정답 ②

04

해석
영국 정부는 비능률적이었으며 일관된 정책이 없었으며, 식민지들은 대체로 일을 스스로 알아서 처리하게 되었다.

어휘
coherent 논리적인, 시종일관된(consistent, logical, rational, compatible, harmonious, consonant, congruous)
haughty 오만한, 건방진(arrogant, insolent, conceited)
condescending 일부러 공손한; 거들먹거리는, 잘난 체하는

정답 ②

05

해석
국민들이 이상하다고 보고 있는 이러한 관행을 사법부가 폐지하지 않는다면 공정한 재판은 불가능하다.

어휘
out of the question 불가능한
down to earth 실제적인, 현실적인
to the point 적절한, 요령 있는
out of hand 감당할 수 없어; 즉석에서

정답 ②

06

해석
올해 추석은 10월 6일이며, 추석 연휴는 10월 3일부터 10월 8일까지이다.

어휘
fall on (어떤 날이) ~에 있다; (책임·비용 등이) ~에게 떨어지다
live by ~에 의거해 살다
cling to ~을 고수하다(stick to, adhere to, keep to)
put in 말참견하다; 응모[신청]하다; 삽입하다; 제출하다

정답 ③

DAY 23 어휘

01
밑줄 친 부분의 의미와 가장 가까운 것은?

> Amid the global recession and mounting unemployment, the Korean government has <u>strived</u> hard to revive its economy.

① endeavored
② collided
③ validated
④ ameliorated

02
밑줄 친 부분의 의미와 가장 가까운 것은?

> Space may be finite or <u>infinite</u>, but because the universe is accelerating, there are parts of it we cannot see and never will see.

① bewildered
② unprecedented
③ simultaneous
④ unbounded

03
밑줄 친 부분의 의미와 가장 가까운 것은?

> <u>Clandestine</u> lobbying by foreign governments and businesses is rampant.

① Intact
② Covert
③ Savage
④ Courteous

04
밑줄 친 부분에 들어갈 말로 가장 적절한 것은?

> The union said that the management _____ talks and walked away from the negotiating table even though the union tried to seek a breakthrough in the dispute.

① caught on
② called off
③ brought up
④ picked up

01

해석
세계적인 불황과 증가하는 실업률 가운데, 한국 정부는 자국의 경제를 회생시키고자 노력하고 있다.

어휘
recession 불황, 침체
strive 노력하다, 애쓰다(endeavor)
collide 충돌하다, 부딪히다
validate 입증하다; ~을 유효하게 하다
ameliorate 개선하다, 개량하다(improve, renovate)

정답 ①

02

해석
우주는 유한할 수도 있고 무한할 수도 있지만, 우주가 가속 팽창하기 때문에 우리가 볼 수도 없고 보지도 못할 부분이 있다.

어휘
infinite 무한한, 끝없는(unbounded, endless, countless, unlimited, innumerable)
bewildered 당황한(embarrassed, puzzled, perplexed)
unprecedented 전례 없는, 유례 없는
simultaneous 동시에 일어나는; 동반의

정답 ④

03

해석
외국 정부와 기업들에 의한 은밀한 로비 활동은 만연해 있다.

어휘
clandestine 비밀의, 은밀한(covert, secret, classified, surreptitious, concealed, furtive, confidential)
intact 온전한, 손상되지 않은(unimpaired, uninjured)
savage 야만적인, 잔인한(wild, violent, cruel, ruthless, ferocious, barbarian, merciless, brutal, inhumane, atrocious)
courteous 예의바른, 공손한(decent, polite, respectful, mannerly, well-mannered)

정답 ②

04

해석
노조는 분쟁의 돌파구를 마련하기 위해 노력했으나 사측이 협상을 취소하고 협상 테이블을 떠났다고 말했다.

어휘
call off 취소(철회)하다(cancel, strike off, nullify, revoke); 철수시키다
catch on 유행하다, 인기를 얻다
bring up (화제를) 꺼내다; 기르다, 양육하다; 불러일으키다
pick up (정보를) 알게 되다, 듣게 되다; ~을 알아보다; ~을 얻다, 획득하다

정답 ②

05

밑줄 친 부분에 들어갈 말로 가장 적절한 것은?

> Concern was voiced in some quarters that the presence of ex-policemen in schools may _____ upon the rights of students and teachers.

① approach
② depend
③ infringe
④ insist

05

해석
일부 구역에서는 전직 경찰이 학교에 있는 것이 학생과 교사의 권리를 침해할 수 있다는 우려가 제기되었다.

어휘
infringe 침해하다, 위반하다(break, breach, encroach, violate, transgress, contravene, infract)
approach 다가오다, 가까워지다
depend 신뢰[신용]하다; 의지하다
insist 주장하다, 고집하다

정답 ③

06

밑줄 친 부분에 들어갈 말로 가장 적절한 것은?

> The essence of TV networks is their _____ and fairness, said Floor Leader during a meeting of party's top officials.

① injustice
② prejudice
③ impartiality
④ conversion

06

해석
원내대표는 주요 당직자 회의에서 텔레비전 방송의 생명은 공평과 공정성이라고 말했다.

어휘
impartiality 공평무사, 공명정대(fairness, equitability, equity, justice, justness)
injustice 부정, 부당
prejudice 편견, 선입관(bias)
conversion 전환, 변환(change, shift, switch, transition, alteration)

정답 ③

DAY 24 어휘

01

밑줄 친 부분의 의미와 가장 가까운 것은?

> Homework reinforces learning because it encourages repetition or extends understanding.

① prohibits
② fortifies
③ deciphers
④ surveils

01

해석
숙제는 반복 학습을 할 수 있게 하거나 이해력을 넓히기 때문에 배움을 강화시킨다.

어휘
reinforce 강화하다, 보강하다(fortify, strengthen, enhance)
prohibit 금지하다, 막다(prevent, hamper, impede, deter, hinder, obstruct, inhibit, thwart)
decipher 판독[해독]하다(decode, make out)
surveil 감시하다(supervise)

정답 ②

02

밑줄 친 부분의 의미와 가장 가까운 것은?

> When Fidel Castro first overthrew Batista's authoritarian regime in Cuba, there were high hopes that the country would achieve the communist ideal.

① tyrannical
② epidemic
③ preliminary
④ dense

02

해석
피델 카스트로가 쿠바에서 바티스타의 독재 정권을 타도했을 때는, 그 나라가 공산주의의 이상향을 이룰 것이라는 높은 희망이 있었다.

어휘
overthrow 전복시키다, 타도하다
regime 정권, 체제
authoritarian 독재적인(tyrannical, despotic, dictatorial, oppressive, autocratic)
epidemic 유행성의, 널리 퍼져 있는(rampant, widespread, prevalent, pervasive)
preliminary 예비의, 준비의
dense 빽빽한, 밀집한

정답 ①

03

밑줄 친 부분의 의미와 가장 가까운 것은?

> Experts agree that the sculpture is a genuine Renaissance work of art, but no one can say with certainty who is responsible for having sculpted it.

① authentic
② integral
③ plausible
④ implicit

04

밑줄 친 부분에 들어갈 말로 가장 적절한 것은?

> When the war broke out, President and his family planned to flee to America where his sons stayed, which was _____ behavior.

① contemporary
② consonant
③ contemptible
④ meditative

05

밑줄 친 부분에 들어갈 말로 가장 적절한 것은?

> He is intelligent and dedicated, willing to treat both wealthy and _____, and willing to accept barter in lieu of cash when necessary.

① transparent
② indigenous
③ stingy
④ indigent

06

밑줄 친 부분에 들어갈 말로 가장 적절한 것은?

> Unfortunately, the future of the drama is currently _____ as the main star is involved in school violence.

① up in the air
② in its shoes
③ from hand to mouth
④ at its zenith

03

해석

전문가들은 그 조각상이 진품의 르네상스 예술품(미술 작품)이라는 데는 동의하고 있으나 누가 그것을 조각했는지는 아무도 확실히 모르는 상태이다.

어휘

genuine 진짜의, 진품의(authentic, original); 성실한
integral 필수의; 완전한; 적분의
plausible 그럴듯한, 정말 같은(likely, feasible, possible)
implicit 은연중에 내포된, 함축적인, 무언의

정답 ①

04

해석

전쟁이 발발하자 대통령과 그의 가족은 대통령의 아들들이 머물고 있는 미국으로 망명할 계획을 세웠는데, 이는 비열한 짓이었다.

어휘

flee 달아나다, 도피하다
contemptible 경멸할 만한, 비열한(shameful, humiliating, disgraceful, dishonorable)
contemporary 동시대의; 현대의, 당대의(modern)
consonant 일치하는, 조화를 이루는; 자음
meditative 사색의(thoughtful, contemplative, pensive)

정답 ③

05

해석

그는 총명하고 헌신적이며, 부유하고 가난한 사람들 모두 기꺼이 대하고, 필요할 때 현금 대신 물물교환을 기꺼이 받아들인다.

어휘

in lieu of ~대신에
indigent 궁핍한, 가난한(poor, needy, penniless, insolvent, penurious, impoverished, impecunious, poverty-stricken)
transparent 투명한
indigenous 고유의, 토착인(native, aboriginal)
stingy 인색한

정답 ④

06

해석

안타깝게도, 주인공이 학교 폭력에 연루되면서 이 드라마의 앞날을 알 수 없게 되었다.

어휘

up in the air 결정되지 않은, 미정인
in one's shoes ~의 입장에서
from hand to mouth 하루 벌어 하루 먹는
at one's zenith 절정에 이른

정답 ①

DAY 25 어휘

01
밑줄 친 부분의 의미와 가장 가까운 것은?

> Three groups of researchers in the United States said that they have found definite genetic evidence that much of the world population today can trace their ancestry to Africa.

① facile
② crude
③ obstinate
④ obvious

02
밑줄 친 부분의 의미와 가장 가까운 것은?

> Westerners who do not support Turkey joining the European Union say it is not compatible with Western culture.

① intriguing
② harmonious
③ tenacious
④ contradictory

03
밑줄 친 부분의 의미와 가장 가까운 것은?

> The prosecution yesterday indicted 10 people on charges of producing or distributing malicious programs that intrude into receivers' computers and make them display pop-up ads and unwanted Web sites.

① suspend
② encroach
③ prolong
④ astound

04
밑줄 친 부분에 들어갈 말로 가장 적절한 것은?

> In 1967, the WHO embarked on what was an outrageous program to _____ a disease.

① deprive
② issue
③ judge
④ eradicate

01
해석
미국의 세 그룹의 연구진들은 현재 세계 인구의 상당수가 그들의 조상을 아프리카까지 추적할 수 있다는 명확한 유전적인 증거를 발견했다고 말했다.

어휘
obvious 명확한, 분명한(transparent, definite, apparent, plain, distinct, evident, tangible, manifest, explicit, overt)
facile 손쉬운, 용이한; 유창한
crude 천연 그대로의, 가공하지 않은
obstinate 완고한, 고집 센(stubborn, persistent, tenacious, dogged, rigid)

정답 ④

02
해석
터키의 유럽연합(EU) 가입을 지지하지 않는 사람들은 터키가 서양 문명과 조화를 이룰 수 없다고 말한다.

어휘
compatible 양립할 수 있는, 조화를 이루는(harmonious, consonant, coherent, congruous, consistent, reconcilable); 호환 가능한
intriguing 흥미를 자아내는; 음모를 꾸미는
tenacious 끈질긴, 고집 센(obstinate, dogged, persistent, bigoted, stubborn)
contradictory 모순된(conflicting, dissonant, inconsistent, incompatible, inharmonious, incongruous, discrepant, discordant)

정답 ②

03
해석
검찰은 어제 수취인의 컴퓨터에 침입하여 팝업 광고와 원하지 않는 웹사이트를 나타나게 하는 악의적인 프로그램을 만들거나 배포시킨 혐의로 10명을 기소했다.

어휘
intrude 침범하다(encroach, violate, invade, infringe, trespass)
suspend 중단하다, 정지하다
prolong 연장하다, 늘리다(extend, lengthen, elongate, protract)
astound 놀라게 하다(surprise, alarm, amaze, astonish, startle)

정답 ②

04
해석
1967년 세계보건기구가 매우 대단한 프로그램을 시작했는데, 질병 퇴치를 목표로 하고 있었다.

어휘
embark on 착수하다
outrageous 방대한, 엄청난
eradicate 근절하다, 전멸시키다(remove, eliminate, erase, exterminate, obliterate, extirpate, root out)
deprive 빼앗다, 박탈하다
issue 발행하다; 발행물, 간행물; 논점, 문제
judge 판단하다, 심판하다; 판사

정답 ④

05

밑줄 친 부분에 들어갈 말로 가장 적절한 것은?

> Augustus was a _____, cruel and superstitious man, but these qualities were redeemed by his political caution and his wise methods of government.

① garrulous
② decent
③ covetous
④ magnanimous

05

해석
아우구스투스는 탐욕스럽고, 잔인하며, 미신적인 사람이었지만 이러한 자질들은 그의 정치적인 신중함과 현명한 통치 방식으로 만회되었다.

어휘
superstitious 미신적인
redeem 회복[만회]하다; 상환[변제]하다
covetous 탐욕스러운(greedy, avaricious, rapacious, gluttonous, insatiable, voracious, unquenchable, ravenous)
garrulous 말이 많은, 장황한(talkative, lengthy, chatty, wordy, verbose, loquacious, prolix, redundant)
decent 기품[품위] 있는; 친절한; 온당한
magnanimous 도량이 큰, 관대한(liberal, generous, lenient, tolerant, charitable, indulgent, broad minded)

정답 ③

06

밑줄 친 부분에 들어갈 말로 가장 적절한 것은?

> Transportation cards in one region are currently _____ with those in other areas, causing inconvenience to people who commute between different regions.

① ethical
② tenacious
③ monotonous
④ incompatible

06

해석
현재 특정 지역에서 사용하는 교통카드는 여타 지역에서 호환되지 않아 다른 지역 사이를 통근하는 시민들의 불편을 사고 있다.

어휘
incompatible 호환되지 않는; 상반되는(incongruous, discrepant, conflicting, inconsistent, contradictory, incoherent, inharmonious, dissonant)
ethical 윤리적인
tenacious 끈질긴, 고집 센(obstinate, persistent, stubborn, dogged, intractable, headstrong)
monotonous 단조로운; 지루한(tedious, bored, tiresome, dull)

정답 ④

DAY 26 어휘

01

밑줄 친 부분의 의미와 가장 가까운 것은?

> Famed stars need to stay humble and maintain their manners when fans approach.

① modest
② injudicious
③ favorable
④ dismayed

01
해석
유명한 스타들은 팬들이 다가올 때 겸손과 예의를 유지할 필요가 있다.

어휘
humble 겸손한(modest, diffident); 초라한
injudicious 현명하지 않은, 분별없는(imprudent, thoughtless, heedless)
favorable 유리한; 호의적인
dismayed 낙담한, 동요하는

정답 ①

02

밑줄 친 부분의 의미와 가장 가까운 것은?

> The Enlightenment movement of the late 18th century aimed to rectify unreasonable political systems through human rationality, not by religion or tradition.

① external
② absurd
③ quarrelsome
④ indispensable

02
해석
18세기 후기의 계몽운동은 비합리적인 정치 제도를 종교나 전통이 아닌 인간의 이성을 통해 바로잡는 것을 목표로 했다.

어휘
aim to ~하는 것을 목표로 하다
rectify 수정하다, 고치다
unreasonable 불합리한, 터무니없는(absurd, irrational, illogical, preposterous, exorbitant)
external 외부의, 외관의
quarrelsome 싸우기 좋아하는(aggressive, contentious, belligerent, warlike, argumentative, bellicose)
indispensable 필수불가결한

정답 ②

03
밑줄 친 부분에 들어갈 말로 가장 적절한 것은?

> As legal disputes become more and more complex and crimes more _____, cases cannot be covered by the public sector alone.

① prestigious
② plausible
③ akin
④ intricate

04
밑줄 친 부분에 들어갈 말로 가장 적절한 것은?

> Due to the _____ in North African and Middle East countries, unstable crude oil prices are dragging Korea's efforts to stabilize consumer prices.

① obstacle
② hypothesis
③ turmoil
④ plunder

05
밑줄 친 부분에 들어갈 말로 가장 적절한 것은?

> Korea _____ the Kyoto Protocol that calls on industrialized nations to reduce greenhouse gas emissions in December 2002.

① alternated
② ratified
③ modified
④ revised

06
밑줄 친 부분에 들어갈 말로 가장 적절한 것은?

> They reported that they had received poor and inconsistent communication, including lengthy and _____ documents that were unworkable operationally.

① hygienic
② verbose
③ benevolent
④ hospitable

03

해석
법적 분쟁들이 점점 더 복잡해지고, 범죄들이 더 난해해지면서, 공공 부문만으로는 감당할 수 없는 사건들이 생겨날 것이다.

어휘
intricate 복잡한(complicated, complex)
prestigious 일류의, 명성 있는, 유명한(eminent, renowned, distinguished, honorable)
plausible 그럴듯한, 정말 같은(likely, possible, probable)
akin 유사한, 비슷한, 닮은(similar, analogous, alike)

정답 ④

05

해석
한국은 2002년 12월에 선진공업국에 대해 온실가스 배출량을 줄일 것을 요구하는 교토 의정서를 비준했다.

어휘
ratify 승인[비준]하다(approve, sanction, endorse, authorize, recognize, admit, consent, validate)
alternate ~을 번갈아 바꾸다, 교대로 하다
modify 수정하다, 바꾸다(revise, change, alter, shift, correct, transform, rectify, amend, revamp)

정답 ②

04

해석
북아프리카와 중동 국가들의 혼란으로 인해, 불안정한 원유 가격이 한국의 소비자 가격 안정 노력을 방해하고 있다.

어휘
stabilize 안정시키다, 고정시키다
turmoil 소란, 혼란
obstacle 장애물, 방해
hypothesis 가설; 전제
plunder 약탈, 강탈

정답 ③

06

해석
그들은 업무를 수행할 수 없을 정도의 늘어지고 장황한 서류를 포함하여, 서투르고 일관성 없는 통신을 받았다고 보고했다.

어휘
verbose 장황한, 말이 많은(wordy, talkative, lengthy, loquacious, redundant, garrulous, prolix)
hygienic 위생적인(sanitary), 건강에 좋은
benevolent 자비심[인정]많은(merciful, charitable, compassionate)
hospitable 환대하는, 친절한

정답 ②

DAY 27 어휘

01
밑줄 친 부분의 의미와 가장 가까운 것은?

> Local police investigated the area and concluded too many fish living in a concentrated area exhausted the oxygen supply in the water.

① deplored
② controverted
③ depleted
④ contradicted

02
밑줄 친 부분의 의미와 가장 가까운 것은?

> Korea's Food and Drug Administration (KFDA) recently reprimanded nearly 200 businesses for false advertising.

① abrupt
② superficial
③ fallacious
④ spontaneous

03
밑줄 친 부분에 들어갈 말로 가장 적절한 것은?

> We will not _____ such hasty measures and review the party's economy-related bills cautiously to prevent further mistakes.

① level off
② show off
③ dispense with
④ go along with

04
밑줄 친 부분에 들어갈 말로 가장 적절한 것은?

> An interpreter _____ communication between two parties that speak different languages.

① absolves
② conducts
③ facilitates
④ altercates

01

해석
지역 경찰은 그 지역을 조사했고, 집중된 지역에 서식하고 있는 너무 많은 물고기가 물속의 산소 공급을 고갈시켰다는 결론을 내렸다.

어휘
investigate 조사하다, 수사하다
conclude 종결하다; 결론을 내리다
concentrated 집중된; 농축된
exhaust 고갈시키다(deplete, undermine, drain); 배출하다
deplore 슬퍼하다(mourn, lament)
controvert 반박하다, 논쟁하다(dispute, refute, disprove, confute)
contradict 반박하다; ~과 모순되다

정답 ③

02

해석
대한민국 식약청(KFDA)은 최근에, 거의 200개 기업들의 허위 광고 행위를 질책했다.

어휘
reprimand 비난하다; 견책(징계)하다
false 거짓의, 허위의(fallacious)
abrupt 갑작스러운, 돌연한(sudden)
superficial 피상적인, 외관상의(ostensible, external, seeming)
spontaneous 자발적인(voluntary); 자연 발생적인

정답 ③

03

해석
우리는 그러한 급조된 대책에는 동조하지 않을 것이고 추가적인 실수를 막기 위해 그 정당이 내놓은 경제 관련 법안을 신중히 검토할 것이다.

어휘
go along with 찬성하다, 동조하다
level off 안정 상태가 되다
show off 과시하다
dispense with ~없이 지내다; ~의 수고를 덜다

정답 ④

04

해석
통역사는 서로 다른 언어를 사용하는 두 당사자들의 소통을 용이하게 한다.

어휘
facilitate 수월하게 하다, 용이하게 하다
absolve 용서하다, 면제하다(forgive, pardon)
conduct 행동하다; 실시하다; 인도[안내]하다
altercate 언쟁하다, 논쟁하다

정답 ③

05

밑줄 친 부분에 들어갈 말로 가장 적절한 것은?

> According to a paper, the satellites collectively scatter enough light back into the atmosphere that they produce an effect _____ to the light pollution generated by cities.

① heterogenous
② amazing
③ similar
④ fragile

06

밑줄 친 부분에 들어갈 말로 가장 적절한 것은?

> According to the experts, children's immune systems are _____ enough to handle a certain amount of stress or stress-related illness from their parents.

① resilient
② deadly
③ plentiful
④ aggressive

05

해석
한 논문에 따르면, 인공위성은 도시에 의해 발생하는 빛 공해와 비슷한 효과를 낼 만큼 충분한 빛을 대기로 다시 산란한다.

어휘
similar 비슷한, 유사한(analogous, alike, akin)
heterogenous 외래(外來)의; 이성분으로 된
amazing 놀라운(incredible, tremendous, marvelous, prodigious)
fragile 깨지기 쉬운; 취약한(vulnerable)

정답 ③

06

해석
전문가들에 따르면, 아이들의 면역체계는 부모로부터 받는 어느 정도의 스트레스나 스트레스 관련 질병들을 다룰 수 있을 만큼 충분히 회복력이 있다.

어휘
resilient 회복력 있는; 탄력이 있는(elastic)
deadly 치명적인(lethal, fatal, mortal)
plentiful 풍부한, 많은(abundant, ample, affluent, copious)
aggressive 공격적인; 적극적인

정답 ①

DAY 28 어휘

01
밑줄 친 부분의 의미와 가장 가까운 것은?

> Korea needs to initiate a low-sodium campaign. A 10 percent reduction in salt intake will have a noticeable effect on the health of the entire population.

① hold back
② make do
③ embark on
④ wind up

01
해석
한국은 나트륨 적게 먹기 운동을 시작해야 한다. 10퍼센트의 소금 섭취량 감소는 전체 인구의 건강에 뚜렷한 영향을 미칠 것이다.

어휘
initiate 시작하다, 개시하다(embark on, start, begin, launch)
hold back 저지하다, 억제하다(limit, restrict, restrain, hamper, hinder, impede, obstruct, curb, inhibit)
make do ~으로 때우다; 임시변통의
wind up ~을 끝내다; 흥분시키다; 폐쇄하다

정답 ③

02
밑줄 친 부분의 의미와 가장 가까운 것은?

> Global warming is also a political issue for first, it requires a massive overturning of the current industrial system, which requires stupendous amount of resources.

① habitual
② affordable
③ incurable
④ amazing

02
해석
지구 온난화는 또한 정치적인 문제이기도 한데, 첫째, 그것은 현재의 산업 시스템을 대대적으로 바꾸는 것을 필요로 하는데, 그것은 엄청난 양의 자원을 필요로 하기 때문이다

어휘
overturn 뒤집다, 전복하다
stupendous 경탄할만한, 놀랄만한(amazing, tremendous, huge, enormous, incredible)
habitual 습관적인, 상습적인
affordable 알맞은, 저렴한(cheap, competitive, reasonable)
incurable 불치의, 치료할 수 없는

정답 ④

03
밑줄 친 부분에 들어갈 말로 가장 적절한 것은?

> It's time for voters to remain wide awake. Their decisions may be _____ but the consequences will last another four years.

① momentary
② fundamental
③ momentous
④ significant

04
밑줄 친 부분에 들어갈 말로 가장 적절한 것은?

> It would not be fair to allow certain people the privilege of dual citizenship without asking them to _____ to the same laws and obligations as everyone else.

① adhere
② bestow
③ warp
④ lean

05
밑줄 친 부분에 들어갈 말로 가장 적절한 것은?

> To increase the rate of potential GDP growth, deregulation is needed to _____ corporate investment and create a flexible job market.

① invigorate
② merge
③ acquire
④ afflict

06
밑줄 친 부분에 들어갈 말로 가장 적절한 것은?

> Childbirth in Korea rose for the sixth straight month as the Year of the Dragon, which is considered the most _____ year in the Chinese zodiac, fueled a baby boom.

① sinister
② auspicious
③ keen
④ insufficient

03

해석
지금은 유권자들이 정신을 똑바로 차리고 있어야 할 때이다. 그들의 결정은 순간적일지 몰라도 그 결과는 앞으로 또 4년을 갈 것이기 때문이다.

어휘
momentary 순간적인(temporary, transient, ephemeral, instantaneous, evanescent, transitory)
fundamental 근본적인, 기본적인; 중요한(momentous, significant, important, essential, crucial, vital, pivotal, consequential, cardinal)

정답 ①

04

해석
특정한 사람들에게, 다른 모든 사람들이 지키는 것과 같은 법과 의무를 지킬 것을 요구하지 않은 채 이중 국적의 특권을 허용하는 것은 공평하지 않을 것이다.

어휘
obligation 의무, 책임
adhere 고수하다, 충실하다
bestow 수여하다, 주다
warp 휘게 하다; 왜곡하다
lean 기대다, 기울어지다

정답 ①

05

해석
잠재적인 GDP 성장률을 끌어올리려면, 규제를 풀어 기업 투자를 활성화하고, 유연한 노동시장을 만들 필요가 있다.

어휘
invigorate 활성화하다, 고무(격려)하다
merge 합병하다(unite, combine, affiliate, consolidate, annex, amalgamate)
acquire 취득[획득]하다, 입수하다(obtain, secure, earn, gain)
afflict 괴롭히다(annoy, torture, bully, harass, torment, persecute, excruciate)

정답 ①

06

해석 중국 12궁도에서 가장 길조로 여겨지는 용의 해가 베이비 붐을 부채질하면서 한국의 출산은 6개월 연속 증가했다.

어휘
auspicious 길조의, 상서로운
sinister 불길한(ominous, unlucky, inauspicious); 사악한
keen 예리한; 신랄한; 열심인, 열중하는
insufficient 불충분한, 부족한(lacking, deficient, inadequate)

정답 ②

DAY 29 어휘

01
밑줄 친 부분의 의미와 가장 가까운 것은?

> Race is a divisive tool of 'outdated institutions,' concluded the outspoken 18-year-old on her polemic against race politics.

① wrangle
② impatience
③ dissemination
④ sanitation

02
밑줄 친 부분의 의미와 가장 가까운 것은?

> The debate is likely to heat up the acrimonious political battle for an upper-hand in the new National Assembly.

① accurate
② synthetic
③ impulsive
④ pungent

03
밑줄 친 부분에 들어갈 말로 가장 적절한 것은?

> The government must remain extremely _____ and careful to prevent any disastrous development, including incidental military conflicts.

① aloof
② astute
③ afloat
④ austere

04
밑줄 친 부분에 들어갈 말로 가장 적절한 것은?

> Prince Hamlet devotes himself to avenging his father's death, but, because he is _____ and thoughtful by nature, he delays, entering into a deep melancholy and even apparent madness.

① contemptuous
② laconic
③ contemplative
④ gratuitous

01

해석

한 솔직한 18세 여학생이 인종정치를 비판하는 자신의 반론에서 인종은 '시대에 뒤떨어진 관습'으로 인간사회의 분열 도구라고 결론지었다.

어휘

polemic 반론, 논쟁(wrangle, debate, dispute, controversy, argument, contention)
impatience 성급함, 조바심(impetuousness, haste, rashness)
dissemination 보급, 유포
sanitation 위생

정답 ①

02

해석

이 논쟁은 새 국회에서의 주도권을 점하기 위한 신랄한 정치 싸움을 가열시킬 가능성이 높다.

어휘

acrimonious 신랄한, 호된(pungent, trenchant, acute, poignant, bitter, incisive)
accurate 정확한(precise, infallible, unerring)
synthetic 합성의; 통합적인, 종합의
impulsive 충동적인(impetuous)

정답 ④

03

해석

정부는 우발적인 군사적 충돌을 비롯한 재앙적인 사태의 진전을 막기 위해 지극히 빈틈없고 조심스러워야만 한다.

어휘

incidental 우연한, 우발의
conflict 갈등, 분쟁
astute 기민한, 빈틈없는(shrewd, agile, alert)
aloof 냉담한(indifferent, callous, apathetic, nonchalant, impassive, impervious)
afloat 떠 있는
austere 엄격한(strict, severe, stern, rigid, rigorous, stringent)

정답 ②

04

해석

햄릿 왕자는 그의 아버지의 죽음을 복수하기 위해 전념하지만, 그의 관조적이고 생각이 깊은 천성 때문에 미루게 되고, 깊은 우울증과 심한 정신 착란에까지 빠진다.

어휘

avenge 복수하다, 원수를 갚다
melancholy 우울, 침울; 우울한
apparent 분명한, 명백한
contemplative 관조적인, 명상의(thoughtful, meditative, heedful, considerate, deliberate)
contemptuous 경멸적인, 업신여기는
laconic 간결한, 간명한(brief, compact, terse, succinct)
gratuitous 무료의, 무상의(free, complimentary, gratis); 까닭 없는; 불필요한

정답 ③

05

밑줄 친 부분에 들어갈 말로 가장 적절한 것은?

> Ad copy is commercial writing with a clear purpose to sell a certain product. But this campaign was so _____ that it was hard to understand the message.

① historic
② sarcastic
③ obscure
④ economical

05

해석
광고 카피란 특정 상품을 소비자에게 팔고자 하는 뚜렷한 목적이 있는 상업적 글쓰기다. 그런데 이 광고는 너무 모호해서 메시지를 이해하기 어려웠다.

어휘
obscure 모호한, 불분명한(ambiguous, equivocal, uncertain, unclear, vague, dubious, indefinite, blurred, nebulous, indistinct)
historic 역사상 유명(중요)한
sarcastic 빈정대는, 냉소적인
economical 검소한, 절약하는(frugal, thrifty)

정답 ③

06

밑줄 친 부분에 들어갈 말로 가장 적절한 것은?

> It is the amount of the _____, not the gender, that decides one's grade and capability.

① proof
② effort
③ withdrawal
④ adversity

06

해석
사람의 성적과 능력을 결정하는 것은 성별이 아니라, 들이는 노력의 양이다.

어휘
effort 노력(endeavor, exertion, labor, industry, hard work)
proof 증거, 증명(evidence, testimony)
withdrawal 취소, 철회(cancellation, revocation, abolition, abrogation, repeal); (예금의) 인출
adversity 역경, 곤궁(pain, suffering, trial, hardship, distress, ordeal, affliction, predicament, tribulation)

정답 ②

DAY 30 어휘

01

The rings of the Olympic flag _____ the five continents Europe, Asia, Africa, America, and Oceania.

① call off
② stand up for
③ call on
④ stand for

01

해석
오륜기의 고리들은 5개의 대륙, 즉 유럽, 아시아, 아프리카, 미국 그리고 오세아니아를 상징한다.

어휘
stand for 나타내다, 상징하다; 대표하다
call off 취소하다; (주의 등을) 딴 곳으로 돌리다
stand up for 옹호하다, 지지하다
call on 방문하다; 부탁하다, 요구하다

정답 ④

02

밑줄 친 부분에 들어갈 말로 가장 적절한 것은?

Getting an insufficient amount of sleep can be detrimental for children as it affects hormone production, which in turn can _____ growth.

① alleviate
② navigate
③ relieve
④ obstruct

02

해석
수면 부족은 어린이들에게 해로울 수 있는데, 그것이 호르몬 생성에 영향을 미쳐 결과적으로 성장을 저해할 수 있기 때문이다.

어휘
detrimental 해로운, 이롭지 못한
obstruct 막다, 방해하다(deter, hinder, inhibit, impede, prevent, prohibit)
alleviate 경감하다, 완화하다(relieve, ease, moderate, mitigate)
navigate 항해[비행]하다; 안내하다

정답 ④

03

밑줄 친 부분에 들어갈 말로 가장 적절한 것은?

> On the eve of the strike, police warned that they would take _____ action against any illegal activities during the protest.

① minor
② pugnacious
③ lucrative
④ stern

04

밑줄 친 부분에 들어갈 말로 가장 적절한 것은?

> Koreans normally consider a person whose blood type is 'A' as timid and reserved, a person whose blood type is 'B' picky and self-centered, and a person whose blood type is 'O' as active and _____.

① talkative
② bilateral
③ gluttonous
④ lateral

05

밑줄 친 부분에 들어갈 말로 가장 적절한 것은?

> Due to the rising spending pressure stemming from a rapidly-aging population and a low birth rate, experts had expected the government to _____ cutting tax deductions.

① resort to
② succeed in
③ turn down
④ run out of

06

밑줄 친 부분에 들어갈 말로 가장 적절한 것은?

> Their fashion choices are _____, as they still prefer outdated styles.

① second to none
② out of the blue
③ behind time
④ behind the times

03

해석
파업 전날 밤 경찰은 시위 도중의 불법 행위에 대해서는 <u>엄중한</u> 조치를 취할 것이라고 경고했다.

어휘
stern 엄격한, 단호한(strict, severe, austere, rigid, rigorous)
minor 사소한; 미성년자
pugnacious 호전적인(contentious, bellicose, belligerent, warlike, aggressive)
lucrative 수지 맞는(profitable, rewarding)

정답 ④

04

해석
한국인들은 보통 A형의 사람을 좀 소심하거나 내성적이라고 간주하고, B형의 사람을 까다롭고 자기 중심적이라고, O형의 사람을 활동적이고 <u>수다스럽다고</u> 간주한다.

어휘
talkative 수다스러운(garrulous, loquacious, wordy, verbose, lengthy, redundant, prolix)
bilateral 상호의(mutual, reciprocal)
gluttonous 탐욕스러운(greedy, avaricious, voracious, rapacious, covetous, ravenous, insatiable, unquenchable)
lateral 옆의, 측면의

정답 ①

05

해석
급속하게 고령화되는 인구와 저출산으로 인한 지출 압력 증가로 전문가들은 정부가 세금 공제를 줄이는 데 <u>의지할</u> 것으로 예상했었다.

어휘
resort to 의지하다(turn to, depend on, rely on)
succeed in ~에 성공하다
turn down 거절하다, 거부하다
run out of ~을 다 써버리다, 동나다

정답 ①

06

해석
그들은 여전히 구식 스타일을 선호하기 때문에 그들의 패션 선택은 <u>시대에 뒤떨어져</u> 있다.

어휘
behind the times 구식의, 시대에 뒤진
second to none 어느 누구에도 뒤지지 않는
out of the blue 느닷없이, 돌연(all of a sudden)
behind time 예정보다 늦어져, 지각하여

정답 ④

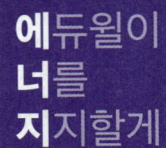
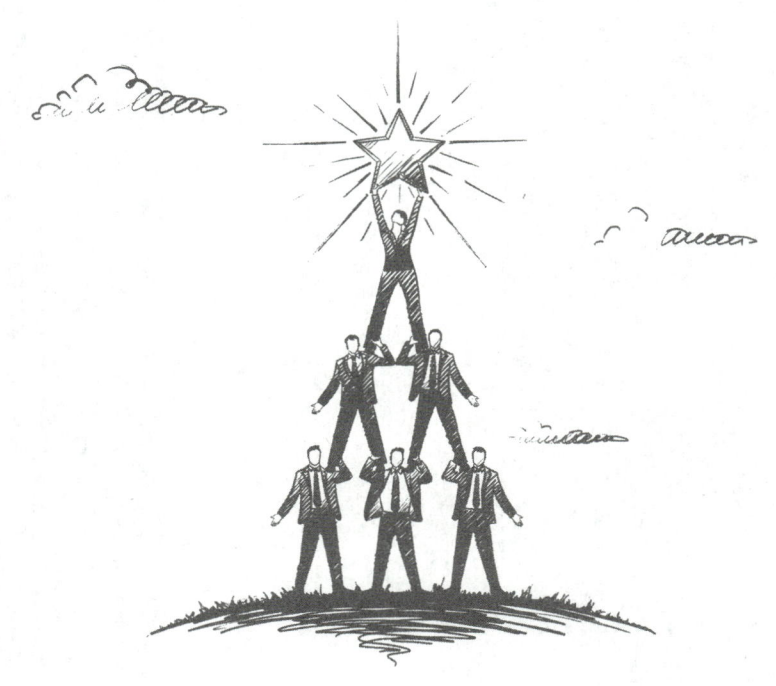

내가 꿈을 이루면
나는 누군가의 꿈이 된다.

– 이도준

2026 에듀윌 9급공무원 유형별 문제집 영어 문법·어휘

발 행 일	2025년 8월 12일 초판
편 저 자	헤더진
펴 낸 이	양형남
펴 낸 곳	(주)에듀윌
I S B N	979-11-360-3848-7
등록번호	제25100-2002-000052호
주 소	08378 서울특별시 구로구 디지털로34길 55 코오롱싸이언스밸리 2차 3층

* 이 책의 무단 인용·전재·복제를 금합니다.

www.eduwill.net
대표전화 1600-6700

여러분의 작은 소리
에듀윌은 크게 듣겠습니다.

본 교재에 대한 여러분의 목소리를 들려주세요.
공부하시면서 어려웠던 점, 궁금한 점,
칭찬하고 싶은 점, 개선할 점, 어떤 것이라도 좋습니다.

에듀윌은 여러분께서 나누어 주신 의견을
통해 끊임없이 발전하고 있습니다.

에듀윌 도서몰 book.eduwill.net
- 부가학습자료 및 정오표: 에듀윌 도서몰 → 도서자료실
- 교재 문의: 에듀윌 도서몰 → 문의하기 → 교재(내용, 출간) / 주문 및 배송

에듀윌에서 꿈을 이룬 합격생들의 진짜 합격스토리

에듀윌 강의·교재·학습시스템의 우수성을
합격으로 입증하였습니다!

김O범 지방직 9급 일반행정직 최종 합격

에듀윌의 체계적인 학습 관리 시스템 덕분에 합격!

에듀윌은 시스템도 체계적이고 학원도 좋았습니다. 저에게는 학원에서 진행하는 아케르 시스템이 큰 도움이 되었습니다. 아케르 시스템은 학원에 계시는 매니저님이 직접 1:1로 상담도 해주시고 학습 관리를 해주시는 시스템입니다. 제 담당 매니저님은 늘 진심으로 저와 함께 고민해주시고 제 건강이나 학습 상태도 상담해주시고, 전에 합격하신 선배님들이 어떤 식으로 학습을 진행했는지 조언해주셔서 많은 도움이 되었습니다. 수험생활에서 가장 힘든 것은 외로움과의 싸움이라고 생각하는데, 에듀윌 덕분에 주변에 제 편이 참 많다는 것을 느꼈고 공부하는 기간이 덜 힘들었던 것 같습니다.

이O민 지방교육청 교육행정직 9급 최종 합격

에듀윌만의 합리적인 가격과 시스템, 꼼꼼한 관리에 만족

에듀윌을 선택한 가장 큰 이유는 금액적인 부분입니다. 타사 패스보다 훨씬 저렴한 금액이라 금전적인 부분이 큰 부담인 수험생 입장에서는 가장 크게 다가오는 장점 중 하나라고 생각합니다. 또한 공통 교재를 사용한다는 점이 저에게는 큰 장점이었습니다. 각 커리큘럼별로 여러 교수님 수업을 들으며 공부할 수 있어서 저에게는 큰 장점이었습니다. 그리고 에듀윌 학원은 매니저님들께서 진심으로 수험생 한 명 한 명에게 관심을 가지고 꼼꼼히 관리해주신다는 점이 마음에 들어 등록하게 되었습니다. 실제로 제가 힘들거나 방향을 잃을 때마다 학원 학습 매니저님들과의 상담을 통해 잘 극복할 수 있었습니다.

전O준 국가직 9급 관세직 최종 합격

에듀윌은 공무원 합격으로 향하는 최고의 내비게이션

학교 특강 중에 현직 관세사 분께서 말씀해주신 관세직에 대한 간략한 정보만 가지고 에듀윌 학원을 방문하였습니다. 거기서 상담실장님과의 상담을 통해 관세직 공무원에 대해 자세히 알게 되었고 여기서 하면 합격할 것 같다는 확신이 들어 에듀윌과 함께 관세직만을 바라보고 관세직을 준비하였습니다. 흔들릴 때마다 에듀윌에 올라온 선배 합격자들의 합격수기를 읽으며 제가 합격수기를 쓰는 날을 상상을 했고, 학원의 매니저님과의 상담도 큰 도움이 되었습니다.

다음 합격의 주인공은 당신입니다!

더 많은
합격스토리

합격자 수 2,100% 수직 상승!
매년 놀라운 성장

에듀윌 공무원은 '합격자 수'라는 확실한 결과로 증명하며
지금도 기록을 만들어 가고 있습니다.

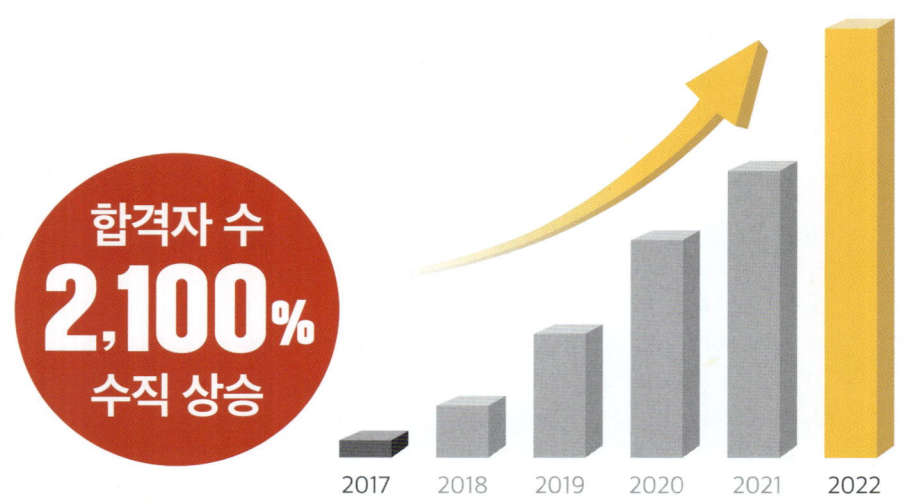

합격자 수를 폭발적으로 증가시킨 합격패스

| 합격 시 수강료 100% 환급 | + | 합격할 때까지 평생 수강 |

※ 환급내용은 상품페이지 참고. 상품은 변경될 수 있음.

상품
페이지

* 2017/2022 에듀윌 공무원 과정 최종 환급자 수 기준

에듀윌 **직영학원**에서 합격을 수강하세요

언제나 전문 학습 매니저와 상담이 가능한 안내데스크

고품질 영상 및 음향 장비를 갖춘 최고의 강의실

재충전을 위한 카페 분위기의 아늑한 휴게실

에듀윌의 상징 노란색의 환한 학원 입구

에듀윌 직영학원 대표전화

공인중개사 학원	02)815-0600	공무원 학원	02)6328-0600	편입 학원	02)6419-0600
주택관리사 학원	02)815-3388	소방 학원	02)6337-0600	부동산아카데미	02)6736-0600
전기기사 학원	02)6268-1400				

공무원학원 바로가기

꿈을 현실로 만드는
에듀윌

DREAM

공무원 교육
- 선호도 1위, 신뢰도 1위! 브랜드만족도 1위!
- 합격자 수 2,100% 폭등시킨 독한 커리큘럼

자격증 교육
- 9년간 아무도 깨지 못한 기록 합격자 수 1위
- 가장 많은 합격자를 배출한 최고의 합격 시스템

직영학원
- 검증된 합격 프로그램과 강의
- 1:1 밀착 관리 및 컨설팅
- 호텔 수준의 학습 환경

종합출판
- 온라인서점 베스트셀러 1위!
- 출제위원급 전문 교수진이 직접 집필한 합격 교재

어학 교육
- 토익 베스트셀러 1위
- 토익 동영상 강의 무료 제공

콘텐츠 제휴·B2B 교육
- 고객 맞춤형 위탁 교육 서비스 제공
- 기업, 기관, 대학 등 각 단체에 최적화된 고객 맞춤형 교육 및 제휴 서비스

부동산 아카데미
- 부동산 실무 교육 1위!
- 상위 1% 고소득 창업/취업 비법
- 부동산 실전 재테크 성공 비법

학점은행제
- 99%의 과목이수율
- 17년 연속 교육부 평가 인정 기관 선정

대학 편입
- 편입 교육 1위!
- 최대 200% 환급 상품 서비스

국비무료 교육
- '5년우수훈련기관' 선정
- K-디지털, 산대특 등 특화 훈련과정
- 원격국비교육원 오픈

에듀윌 교육서비스 **공무원 교육** 9급공무원/소방공무원/계리직공무원 **자격증 교육** 공인중개사/주택관리사/손해평가사/감정평가사/노무사/전기기사/경비지도사/검정고시/소방설비기사/소방시설관리사/사회복지사1급/대기환경기사/수질환경기사/건축기사/토목기사/직업상담사/전기기능사/산업안전기사/건설안전기사/위험물산업기사/위험물기능사/유통관리사/물류관리사/행정사/한국사능력검정/한경TESAT/매경TEST/KBS한국어능력시험/실용글쓰기/IT자격증/국제무역사/무역영어 **어학 교육** 토익 교재/토익 동영상 강의 **세무/회계** 전산세무회계/ERP정보관리사/재경관리사 **대학 편입** 편입 영어·수학/연고대/의약대/경찰대/논술/면접 **직영학원** 공무원학원/소방학원/공인중개사 학원/주택관리사 학원/전기기사 학원/편입학원 **종합출판** 공무원·자격증 수험교재 및 단행본 **학점은행제** 교육부 평가인정기관 원격평생교육원(사회복지사2급/경영학/CPA) **콘텐츠 제휴·B2B 교육** 교육 콘텐츠 제휴/기업 맞춤 자격증 교육/대학취업역량 강화 교육 **부동산 아카데미** 부동산 창업CEO/부동산 경매 마스터/부동산 컨설팅 **주택취업센터** 실무 특강/실무 아카데미 **국비무료 교육(국비교육원)** 전기기능사/전기(산업)기사/소방설비(산업)기사/IT(빅데이터/자바프로그램/파이썬)/게임그래픽/3D프린터/실내건축디자인/웹퍼블리셔/그래픽디자인/영상편집(유튜브) 디자인/온라인 쇼핑몰광고 및 제작(쿠팡, 스마트스토어)/전산세무회계/컴퓨터활용능력/ITQ/GTQ/직업상담사

교육문의 **1600-6700** www.eduwill.net

• 2022 소비자가 선택한 최고의 브랜드 공무원·자격증 교육 1위 (조선일보) • 2023 대한민국 브랜드만족도 공무원·자격증·취업·학원·편입·부동산 실무 교육 1위 (한경비즈니스) • 2017/2022 에듀윌 공무원 과정 최종 환급자 수 기준 • 2023년 성인 자격증, 공무원 직영학원 기준 • YES24 공인중개사 부문, 2025 에듀윌 공인중개사 1차 기출응용 예상문제집 민법 및 민사특별법 (2025년 6월 월별 베스트) • 교보문고 취업/수험서 부문, 2020 에듀윌 농협은행 6급 NCS 직무능력평가+실전모의고사 4회 (2020년 1월 27일~2월 5일, 인터넷 주간 베스트) 그 외 다수 • YES24 컴퓨터활용능력 부문, 2024 컴퓨터활용능력 1급 필기 초단기끝장(2023년 10월 3~4주 주별 베스트) 그 외 다수 • YES24 신규 자격증 부문, 2024 에듀윌 데이터분석 준전문가 ADsP 2주끝장(2024년 4월 2주, 9월 5주 주별 베스트) • 인터파크 자격서/수험서 부문, 에듀윌 한국사능력검정시험 2주끝장 심화(1, 2, 3급) (2020년 6~8월 월간 베스트) 그 외 다수 • YES24 국어 외국어사전 영어 토익/TOEIC 기출문제/모의고사 분야 베스트셀러 1위 (에듀윌 토익 READING RC 4주끝장 리딩 종합서, 2022년 9월 4주 주별 베스트) • 에듀윌 토익 교재 입문~실전 인강 무료 제공 (2022년 최신 강좌 기준/109강) • 2024년 종강반 중 모든 평가항목 정상 참여자 기준, 99% (평생교육원 기준) • 2008년~2024년까지 234만 누적수강학점으로 과목 운영 (평생교육원 기준) • 에듀윌 국비교육원 구로센터 고용노동부 지정 "5년우수훈련기관" 선정 (2023~2027) • KRI 한국기록원 2016, 2017, 2019년도 공인중개사 최다 합격자 배출 공식 인증 (2025년 현재까지 업계 최고 기록)